迈克尔·波特
竞争战略精髓

张秀军◎著

中国经济出版社
CHINA ECONOMIC PUBLISHING HOUSE
·北京·

图书在版编目（CIP）数据

迈克尔·波特竞争战略精髓 / 张秀军著 .
—北京：中国经济出版社，2020.1（2024.12 重印）
ISBN 978-7-5136-5827-0
Ⅰ. ①迈… Ⅱ. ①张… Ⅲ. ①企业竞争 – 竞争策略 – 研究
Ⅳ. ①F271.3

中国版本图书馆CIP数据核字（2019）第179978号

责任编辑　海　毅　高晓晔
责任印制　巢新强
封面设计　任燕飞设计室

出版发行　中国经济出版社
印 刷 者　北京建宏印刷有限公司
经 销 者　各地新华书店
开　　本　880mm×1230mm　1/32
印　　张　7
字　　数　201 千字
版　　次　2020 年 1 月第 1 版
印　　次　2024 年 12 月第 5 次
定　　价　58.00 元
广告经营许可证　京西工商广字第 8179 号

中国经济出版社　**网址** www.economyph.com **社址** 北京市东城区安定门外大街 58 号 **邮编** 100011
本版图书如存在印装质量问题，请与本社发行中心联系调换（联系电话：010–57512564）

使用说明书

这是一本专门为迈克尔·波特《竞争战略》一书初学者而编写的书籍。本书共 17 章，以期学习者能够由浅及深、循序渐进地掌握迈克尔·波特在《竞争战略》中所讲的知识。

为了便于理解，以节省读者的宝贵时间，本书将复杂的知识简单

大标题

每个篇章都有几个大标题，每个大标题都揭示了该章要学习的知识，并为初学者指出了学习要点，知识要点。

前言 引文

对将要学习的知识要点给予简明精要的说明，并对其重要性及其影响因素做说明。

Easy-going

一针见血地指出需要注意的事项，提供一些经验诀窍或相关建议。

小故事

每章都有几个与大标题相关的事件或小故事，增加初学者的学习兴趣。

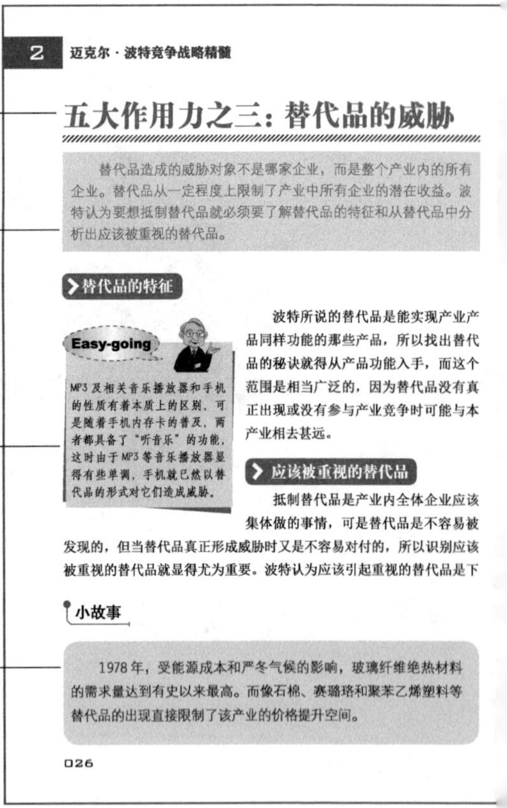

2 迈克尔·波特竞争战略精髓

五大作用力之三：替代品的威胁

替代品造成的威胁对象不是哪家企业，而是整个产业内的所有企业。替代品从一定程度上限制了产业中所有企业的潜在收益。波特认为要想抵制替代品就必须要了解替代品的特征和从替代品中分析出应该被重视的替代品。

替代品的特征

Easy-going

MP3 及相关音乐播放器和手机的性质有着本质上的区别，可是随着手机内存卡的普及，两者都具备了"听音乐"的功能，这时由于 MP3 等音乐播放器显得有些单调，手机就已然以替代品的形式对它们造成威胁。

波特所说的替代品是能实现产业产品同样功能的那些产品，所以找出替代品的秘诀就得从产品功能入手，而这个范围是相当广泛的，因为替代品没有真正出现或没有参与产业竞争时可能与本产业相去甚远。

应该被重视的替代品

抵制替代品是产业内全体企业应该集体做的事情，可是替代品是不容易被发现的，但当替代品真正形成威胁时又是不容易对付的，所以识别应该被重视的替代品就显得尤为重要。波特认为应该引起重视的替代品是下

小故事

1978 年，受能源成本和严冬气候的影响，玻璃纤维绝热材料的需求量达到有史以来最高。而像石棉、赛璐珞和聚苯乙烯塑料等替代品的出现直接限制了该产业的价格提升空间。

026

化。在内容上，尽量将专业的知识通俗化；在页面设计上，完全采用简单明了的学习界面，配以图解辅助解释复杂的概念。另外，本书还配有大量与知识相关且趣味性十足的小故事，可以让您学习兴趣倍增。

颜色区别

为方便学习者随时随地迅速查阅相关知识，本书不同的篇章采用不同的颜色予以标示。

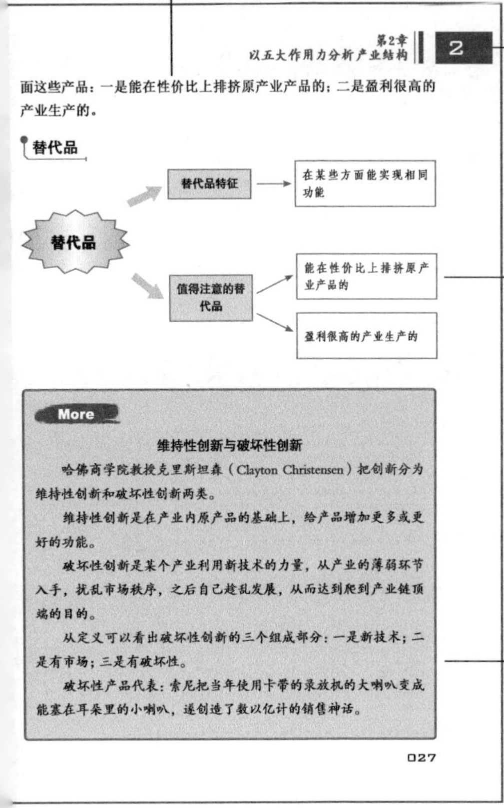
第2章
以五大作用力分析产业结构
2

面这些产品：一是能在性价比上排挤原产业产品的；二是盈利很高的产业生产的。

替代品

替代品	替代品特征	在某些方面能实现相同功能
	值得注意的替代品	能在性价比上排挤原产业产品的
		盈利很高的产业生产的

More

维持性创新与破坏性创新

哈佛商学院教授克里斯坦森（Clayton Christensen）把创新分为维持性创新和破坏性创新两类。

维持性创新是在产业内原产品的基础上，给产品增加更多或更好的功能。

破坏性创新是某个产业利用新技术的力量，从产业的薄弱环节入手，扰乱市场秩序，之后自己趁乱发展，从而达到爬到产业链顶端的目的。

从定义可以看出破坏性创新的三个组成部分：一是新技术；二是有市场；三是有破坏性。

破坏性产品代表：索尼把当年使用卡带的录放机的大喇叭变成能塞在耳朵里的小喇叭，遂创造了数以亿计的销售神话。

027

章名

全面讲述了迈克尔·波特《竞争战略》一书的主要内容，每章讲述一个主题。

图解

为了让读者一目了然地理解书中概念，本书运用逻辑拆解法，将概念间的关系做成图表分析的形式。

More

对前文无法详细说明的重要内容，在此进行详细说明。

目录

第3章 基本策略

第4章 分析竞争对手的基本框架

第5章 市场信号

第6章 竞争行动

第7章 选择客户和购买策略

第8章 从策略集团分析企业地位

第9章 产业演进

第10章 零散型产业中的竞争战略

第11章 新兴产业中的竞争战略

第12章 产业向成熟转化

第13章 在衰退产业中的竞争战略

第14章 全球性产业的竞争

第15章 纵向一体化的策略分析

第16章 业务能力扩展

第17章 进入新业务领域

第1章

轻松读懂《竞争战略》

本章教你：

▶ 了解《竞争战略》的主题

▶ 全面弄清楚《竞争战略》的组成部分

哈佛商学院教授迈克尔·波特有三部代表著作，分别是《竞争战略》《竞争优势》《国家竞争优势》，人们也常把这三部著作统称为“竞争三部曲”。其中《竞争战略》奠定了波特的大师级地位，《竞争战略》中提到的“五大作用力”和“三个基本策略”是波特学术的核心思想。

《竞争战略》不是想象中的那么难读懂

要想读懂《竞争战略》，首先你要明白它的核心内容。《竞争战略》主要是说明如何对公司的产业和竞争者进行分析，同时教你根据已有的竞争分析做出对应的决策。

克服阅读《竞争战略》中的“艰涩难懂”

迈克尔·波特的《竞争战略》是一部鸿篇巨制，中文版厚达三百多页。相信很多人都尝试阅读过此书，特别是企业家和公司高层的管理者，但其中会有相当一部分人对其望而却步或者半途而废。这些人多怯于《竞争战略》篇幅的气势磅礴，抑或是因为没有把握住书的要旨导致茫然失措而不得不放弃。

其实要顺利看完迈克尔·波特的《竞争战略》并不像想象中的那么困难，其中有一条捷径就是抓住《竞争战略》中提到的秘诀。本书基本按照《竞争战略》的前后顺序，环环相扣引出《竞争战略》的主题思想，让你把波特的见解毫不费力地录入自己的脑中。

《竞争战略》想要表达的主题

要想准确掌握《竞争战略》的主题，需要从很多方面综合分析。原书的标题是《竞争战略：产业环境及竞争者分析》（*Competitive Strategy: Techniques for Analyzing Industries and Competitors*），从中可以看出《竞争战略》的主要内容是阐述产业环境和对竞争者的分析，这是原书想要给读者呈现的内容，也可以说是全书最大的主题。

明确《竞争战略》主题后，你就可以进一步加深对《竞争战略》的了解。

读懂迈克尔·波特的《竞争战略》

第一步 →

认知原书的书名

Competitive Strategy
Techniques for Analyzing
Industries and Competitors

第二步 →

清楚了解《竞争战略》的副标题

产业环境及竞争者分析

↓

《竞争战略》一书所讲的重点就是副标题

More

迈克尔·波特

迈克尔·波特，哈佛商学院教授，著名战略学家，被誉为管理学界“活着的传奇”。他首创的“企业竞争战略理论”被公认为战略竞争理论的权威，其出版多部战略理论著作，对战略理论研究炉火纯青，其战略理论课是哈佛商学院的必修课之一。

《竞争战略》的组成部分

《竞争战略》整体上由三大部分组成，分别是产业竞争分析技巧、不同产业环境的竞争战略和策略制定。具体来说，《竞争战略》又可以分为五大部分，分别是：依据五大作用力分析竞争环境、三个基本竞争战略、精确地进行环境分析、常见的竞争环境、竞争战略的基本类型。

从页数上划分的《竞争战略》

《竞争战略》一共有三大部分内容，其中第一部分的“基本分析技巧”就占了 175 页，超过全书的一半，约 49%；第二部分“基本产业环境”占了 97 页，约 27%；第三部分“策略制定”占了 52 页，约 14%。我们从上面的数据可以清楚地看出第一部分“基本分析技巧”是全书的重点，这部分也是在解说副标题所示的“产业环境及竞争者分析”。

Easy-going

这里的页数分配是按照每部分的实际内容，总计不足 100% 的原因是没有把前言和后缀算进去。

从具体内容上划分的《竞争战略》

从具体内容上看，《竞争战略》可以分为五大部分，分别是：依据五大作用力分析竞争环境（潜在进入者的威胁、现有竞争对手之间的竞争、替代品的威胁、客户的价格谈判能力、供应商的价格谈判能力）、三个基本竞争战略（总成本领先、差异化、集中目标）、精确地进行环境分析（深入产业内的结构分析、市场信号、竞争行动、选择客户和购买策略、产业演进）、常见的竞争环境（零散产业、新兴产业、成熟产业、衰退产业、全球化产业）和竞争战略的基本类型（一体化、业务能力扩展、进入新业务领域）。

竞争战略的划分

竞争战略的两种划分方式

从页数上划分：三大部分

第一部分：
基本分析技巧175页（49%）

第二部分：
基本产业环境97页（27%）

第三部分：
策略制定52页（14%）

从具体内容上划分：五大部分

第一部分：
依据五大作用力分析竞争环境（潜在进入者的威胁、现有竞争对手之间的竞争、替代品的威胁、客户的价格谈判能力、供应商的价格谈判能力）

第二部分：
三个基本竞争战略（总成本领先、差异化、集中目标）

第三部分：
精确地进行环境分析（深入产业内的结构分析、市场信号、竞争行动、选择客户和购买策略、产业演进）

第四部分：
常见的竞争环境（零散产业、新兴产业、成熟产业、衰退产业、全球化产业）

第五部分：
竞争战略的基本类型（一体化、业务能力扩展、进入新业务领域）

第2章

以五大作用力分析产业结构

本章教你：

- 了解五大作用力
- 教你如何用五大作用力进行产业分析
- 五大作用力的详细分析
- 竞争战略的基本认识

当一家企业与周边的环境建立起联系时就会形成竞争，有竞争就需要制定竞争战略。虽然环境是复杂的，但企业环境的关键部分是企业投入竞争的一个或几个产业。产业结构强烈地影响着竞争规则的确立以及对应策略的制定。产业内部的竞争产生于其基础经济结构，是无法避免的。同时产业内部也有着最广泛的竞争者，而产业外部作用力只有在相对意义上才能显著影响到产业内部的所有企业。

波特认为产业内部的竞争状态主要由五大作用力所决定，分别是潜在进入者的威胁、现有竞争对手之间的竞争、替代品的威胁、客户的价格谈判能力、供应商的价格谈判能力。

五大作用力的基本构造

一个产业的竞争远远不只是你眼前看到的参与者的竞争，那些潜在的“竞争对手”也会在具体情况下造成或多或少的影响。这就是波特在《竞争战略》中提到的“广义的竞争”，也可称为“拓展竞争”。

五大作用力等于五种竞争因素

波特是以“五大作用力等于五种竞争因素”来解释“广义的竞争”的。

因素1：潜在进入者（潜在进入者的威胁）

因素2：产业竞争对手（现有竞争对手之间的竞争）

因素3：替代品（替代品的威胁）

因素4：客户（客户的价格谈判能力）

因素5：供应商（供应商的价格谈判能力）

“广义的竞争”就是由这五大作用力组成的，每种作用力都会对产业的竞争造成影响。同时，这五种作用力也共同决定产业竞争的强度和产业利润率，其中最强的一种或几种作用力占据着统治地位并且对策略形成起着关键性作用。

五大作用力的剖析

五大作用力的合力越大，产业的竞争就越激烈。企业在决定策略时，一定要从分析这五大作用力开始。

不同的作用力发生影响时，会发生不同的竞争状况。比如，“潜在进入者的威胁”越大，产业内部的竞争就越激烈；“客户的价格谈判能力”越强，产业的立场就越危险；“现有公司间的争夺”越强大，产业的竞争环境就越激烈。

在不同产业内发生竞争时，会有不同的作用力起着关键性的作用。

例如，对于轮胎业来说，主要压力来自动手性极强的原始设备买主和强劲的竞争对手；对于远洋油轮来说，主要压力来自客户；对于钢铁业来说，关键性压力来自国外的竞争对手和原材料。

波特指出，企业在应对产业竞争时各有其独特的优势和劣势，在企业发展过程中也可能发生产业结构的变化。所以企业在应对竞争时，必须先分析产业的五大作用力，了解产业的竞争结构，确定其中最具影响力的竞争因素，从而找出制定策略的关键所在，也就是要找出竞争的第一个要素。

波特勾勒的五大作用力结构

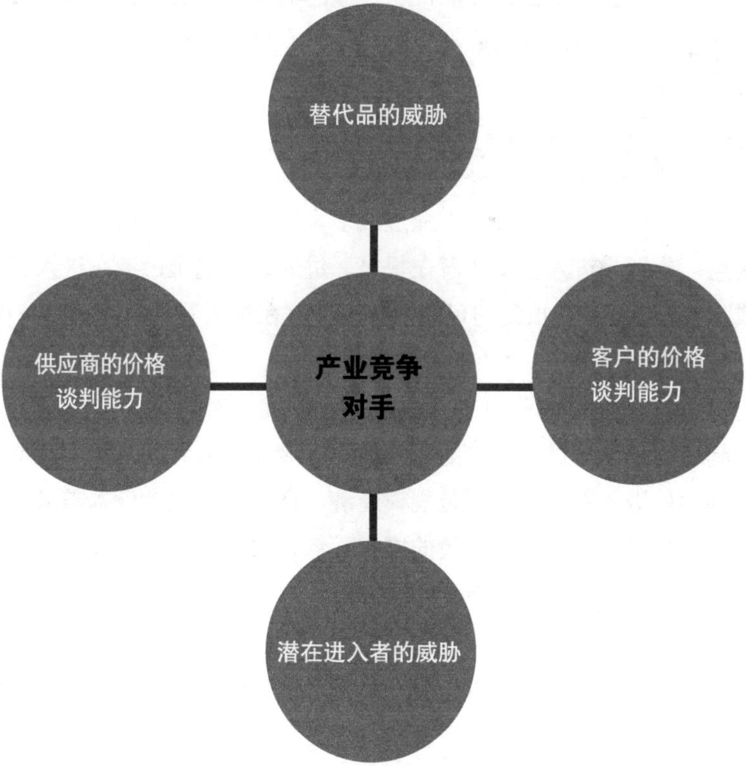

五大作用力之一：潜在进入者的威胁

潜在进入者是指有可能加入该产业的企业。潜在进入者会给产业带来好处也会带来坏处。潜在进入者能给产业造成多大的威胁，主要受进入壁垒和潜在报复的影响，如果企业在产业内获取的利润大于应付这些影响的花费，潜在进入者就会进入该产业。

潜在进入者带来的利弊

产业内每加入一个新对手就会引进新的业务能力，会带来可观的资源，但同时也会带来他们夺取市场份额的欲望。新进的竞争者通常利用自己有利的资源对产业造成一定的压力，有可能导致价格被压低、产业成本上升或者利润减少。

影响潜在进入者威胁大小的因素

新加入的企业究竟会对产业造成多大的威胁，波特认为这往往取决于两点，分别是进入壁垒和潜在报复。进入壁垒越难，潜在进入者带来的威胁就越小；潜在报复的可能性越大，潜在进入者造成的威胁越小。

1. 进入壁垒

进入壁垒是指产业内企业利用一定的优势对想进入该产业的外部企业制造的障碍。进入壁垒能有效地防卫潜在进入者的威胁。波特在书中提到七种进入壁垒，分别是规模经济、产品差异化、资本需求、转换成本、分销渠道、与规模无关的成本优势、政府政策。这些进入壁垒从不同方面对潜在进入者制造了不同障碍。

2. 潜在报复

潜在报复是指现有产业内企业对进入者的反击，这样会直接影响到潜在进入者的利益。潜在报复一旦发生，就会造成潜在进入者的利益受损。在现实生活中，潜在报复一般表现在以下几个方面：①经对进入者进行过报复；②自身具备进行反击的资源优势；③长期在行业打拼，掌握该产业运行的最低资金；④产业发展缓慢，后进入者会对之前从业者利益造成巨大冲击。

影响潜在进入者威胁大小的因素

影响潜在进入者威胁大小的因素

- 进入壁垒
  - 规模经济
  - 产品差异化
  - 资本需求
  - 转换成本
  - 分销渠道
  - 与规模无关的成本优势
  - 政府政策
- 潜在报复
  - 曾经对进入者进行过报复
  - 自身具备进行反击的资源优势，像现金富余、有着忠诚的顾客、拥有独到的销售渠道、借贷能力剩余等方面
  - 长期在该行业打拼，清晰掌握该产业的最低资金的运作流程
  - 产业发展缓慢，进入者会对已有竞争的利益造成巨大冲击

小故事

宝利来本来是世界上成像技术专利的拥有者，就是因为这项专利的存在，它在即时拍相行业建起一座坚韧的堡垒，把众多想进军此产业的企业拒之门外，柯达公司也一样无法逾越那道围墙。后来宝利来的一次专利过期，柯达迅速抓住机会，顺利打入市场，同样利用“专利”这道墙雄霸市场。

七种进入壁垒如何阻挡潜在进入者

波特在书中接着又详细介绍了7种进入壁垒是如何影响潜在进入者进入的。

（1）规模经济。因为规模经济的存在，潜在进入者在进入产业时需要一开始就投入大规模生产，同时还要承受原有企业的强烈抵制或者以小规模生产而接受生产的成本方面的劣势。规模经济越大，进入者造成的威胁越小。

Easy-going

规模经济的形成可能与整个职能有关，比如在销售方面的规模经济。规模经济的形成也可能只与职能范围的某个环节有关，比如电视机生产的规模经济由彩色显像管的规模经济性决定着，而外壳生产的影响较小。

（2）产品差异化。产品差异化使企业拥有忠诚的客户群，新进入者要想拉走这些客户，需要花费大量的金钱和时间，承担一定期间的延续亏损。

（3）资本需求。当进入者想要进入产业时，需要投放大量的资金，这样产业很自然地就产生一种进入壁垒。这些投资多是高风险或不可回收的，如广告、研发、开发等。

（4）转换成本。转换成本是指客户从一位供应商处采购产品后转换到另一位供应商时所需要花费的一次性成本。转换成本一般包括雇员培训成本、新的辅助设备成本和检测新产品的成本。潜在进入者要想让客户接受其产品就必须花费巨资来完成这种转换成本。

（5）分销渠道。产品市场的理想渠道通常控制在原有企业手中，新进入者要想立足，要么开辟新的销售渠道，要么从原有企业手中抢到分销渠道。

（6）与规模无关的成本优势。在某些方面，已立足的产业内企业往往具有那些潜在进入者无法得到的成本优势。这些特殊优势是别的企业难以超越的，像专利保密产品技术、地点原材料优势、政府补贴或经验等方面。

（7）政府政策。政府能限制甚至封锁某产业的进入。

七种进入壁垒阻挡潜在进入者的进入

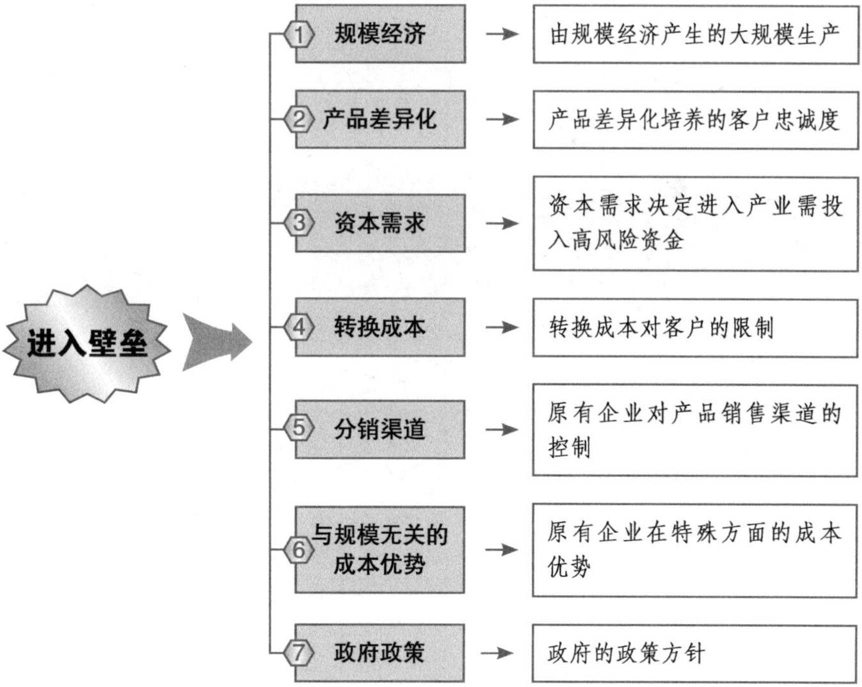

More

20世纪五六十年代，葡萄酒行业如雨后春笋般迅速发展，人们纷纷投身其中，眼看葡萄酒行业就要变成一个纷杂的行业。60年代，美国葡萄酒生产厂家决定给葡萄酒行业竖起壁垒。他们一边推出新产品，一边在广告上提高档次，同时在销售模式上实行全国化销售以封锁销售渠道。这一系列的举措不仅提高了葡萄酒产业的规模经济，还在分销渠道上施加了一道关卡。

五大作用力之二：现有竞争对手之间的竞争

现有竞争对手无时无刻不在进行着竞争，他们都希望提高自己在产业中的地位。一家企业的竞争行为如果会对竞争对手产生显著影响，就有可能引起竞争对手猛烈的反击。对立程度决定着产业竞争的激烈程度。波特还在书中着重介绍了八种影响产业竞争激烈程度的因素。

现有竞争对手之间竞争的方式

波特认为，竞争对手之所以挑起现有竞争者之间的竞争，要么是因为产业内的竞争对他们造成了一定的影响，要么是因为他们在产业激烈竞争的缝隙中看到提升自身的机会。

价格战是现有竞争对手进行竞争的最典型方式，这种方式会撼动整个产业，使产业的整体利润受损，如果客户对该产业产品的需求不是很旺盛，还有可能导致产业从此一蹶不振。而广告战反而会扩大市场或者帮助产品形成差异化，从而提高产业的知名度，产业内的所有企业都会从竞争中获利。

现有竞争对手之间的竞争

导致现有竞争对手之间竞争激烈的因素

现有竞争对手之间的竞争往往是惨不忍睹的，人们经常用“战争”“残忍”“硝烟滚滚”来形容这样的竞争，但是还会有人用“温和”“礼貌”等词，这是因为在这样的竞争中会有很多因素左右着竞争。

波特在书中提出 8 种加剧现有竞争对手之间竞争激烈程度的因素。

（1）竞争对手众多或实力相当。当产业内竞争对手过多，或者存在实力相当的竞争对手，就容易在资源和客户上发生较大的冲突，引起激烈的产业竞争。

（2）产业增长速度较慢。那些极力想扩张的企业会因为产业增长缓慢而与其他企业发生激烈竞争。

（3）高固定成本或高库存成本。高固定成本和库存成本会直接影响到竞争对手在价格上的看法。

（4）差异化或转换成本欠缺。差异化的优势是拥有忠诚的客户。转换成本前面已讲过。

（5）产量大幅提升。产量的大幅提升会破坏整体产业现有的供需平衡。

（6）多元化竞争对手。各种各样的竞争方式存在着“竞争规则”上的差异，从而引起策略的冲突。

（7）高额战略利益。高额战略利益会让企业坚定不移地实施某种竞争战略。

（8）退出壁垒。波特给退出壁垒下的定义是“因为经济上的、策略上的或感情上因素的影响，企业无法从产业中安全退出”。退出壁垒难度越大，越能让竞争对手拼死一搏。

影响现有竞争对手之间竞争激烈程度的因素

1 竞争对手众多或实力相当	5 产量大幅提升
2 产业增长速度较慢	6 多元化竞争对手
3 高固定成本或高库存成本	7 高额战略利益
4 差异化或转换成本欠缺	8 退出壁垒

五大作用力之三：替代品的威胁

替代品造成的威胁对象不是哪家企业，而是整个产业内的所有企业。替代品从一定程度上限制了产业中所有企业的潜在收益。波特认为要想抵制替代品就必须要了解替代品的特征和从替代品中分析出应该被重视的替代品。

替代品的特征

波特所说的替代品是能实现产业产品同样功能的那些产品，所以找出替代品的秘诀就得从产品功能入手，而这个范围是相当广泛的，因为替代品没有真正出现或没有参与产业竞争时可能与本产业相去甚远。

应该被重视的替代品

抵制替代品是产业内全体企业应该集体做的事情，可是替代品是不容易被发现的，但当替代品真正形成威胁时又是不容易对付的，所以识别应该被重视的替代品就显得尤为重要。波特认为应该引起重视的替代品是下

Easy-going

MP3 及相关音乐播放器和手机的性质有着本质上的区别，可是随着手机内存卡的普及，两者都具备了“听音乐”的功能，这时由于 MP3 等音乐播放器显得有些单调，手机就已然以替代品的形式对它们造成威胁。

小故事

1978 年，受能源成本和严冬气候的影响，玻璃纤维绝热材料的需求量达到有史以来最高。而像石棉、赛璐珞和聚苯乙烯塑料等替代品的出现直接限制了该产业的价格提升空间。

面这些产品：一是能在性价比上排挤原产业产品的；二是盈利很高的产业生产的。

替代品

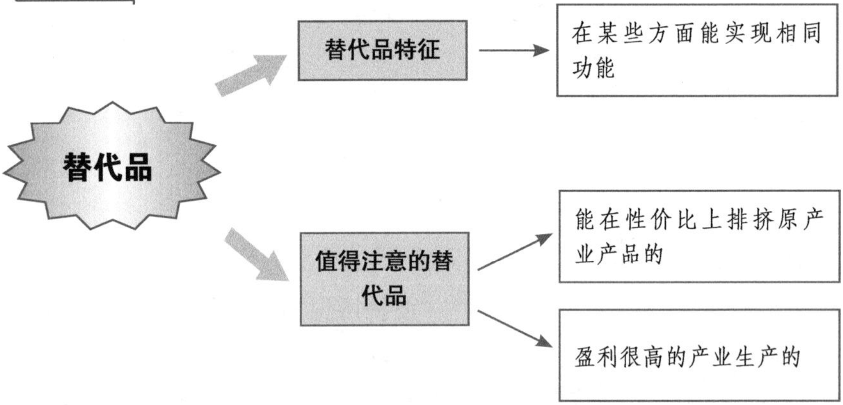

More

维持性创新与破坏性创新

哈佛商学院教授克里斯坦森（Clayton Christensen）把创新分为维持性创新和破坏性创新两类。

维持性创新是在产业内原产品的基础上，给产品增加更多或更好的功能。

破坏性创新是某个产业利用新技术的力量，从产业的薄弱环节入手，扰乱市场秩序，之后自己趁乱发展，从而达到爬到产业链顶端的目的。

从定义可以看出破坏性创新的三个组成部分：一是新技术；二是有市场；三是有破坏性。

破坏性产品代表：索尼把当年使用卡带的录放机的大喇叭变成能塞在耳朵里的小喇叭，遂创造了数以亿计的销售神话。

五大作用力之四：客户价格谈判能力

客户和产业享用既定的利润，如果客户争取到更多的利润，企业的利润就会随之降低，反之亦然。客户在与产业对立时自然会利用已有的优势加强自身的价格谈判能力，以获取更多的利润，产业要想阻止这种情况的出现就必须知道哪些因素会增强客户价格谈判能力。

使客户价格谈判能力增强的原因

客户价格谈判能力的强弱受到市场上不同方面的影响，同时所购买的产品对客户业务的影响也直接关系到客户的价格谈判能力。波特列出8种会增强客户价格谈判能力的原因。

Easy-going

克莱斯勒是美国三大汽车公司（通用、福特、克莱斯勒）之一。因为克莱斯勒本身拥有强大的市场能力，零件供应商在给它提供产品时都会受到它在价格上的压制，所以它的供应商就一直抱怨这种价格的压力。

（1）客户是企业的重大资源。企业的绝大多数产品被同一客户购买，就会形成企业对这个客户的依赖性。

（2）客户从产业中购买的产品占其成本或购买数额的相当大一部分。客户会因此而格外注意产品的价格和质量。

（3）企业的产品非差异化。客户在面对非差异化的产品时，会货比三家，在价格和质量上反复比较，以求买到最实惠的产品。

（4）客户转换成本低。转换成本能使客户对供应商形成一种依赖，如果客户转换成本低而供应商转换成本高时，客户的价格谈判能力就会增强。

（5）客户利润低。低利润的客户为了保持这种利润获取得更多的利润必须降低产品成本，其中购买成本是客户首要考虑的，相反，高利润的客户可能就不是很在乎购买成本。

（6）客户采取后向一体化。如果客户已经实现了后向一体化或可能实现后向一体化，他们可以用“自己生产”这一筹码威胁供应商，从而间接提高自身的价格谈判实力。

（7）产品对客户已有产品并无重大影响。如果影响不大，客户就会通过压低价格来获取更多的利润，反之，则客户多半不会在价格上有太多的计较。

（8）客户对产品充分了解。客户对产品充分了解后就会据理力争，期望用最实惠的价格购买产品。

使客户价格谈判能力增强的8种原因

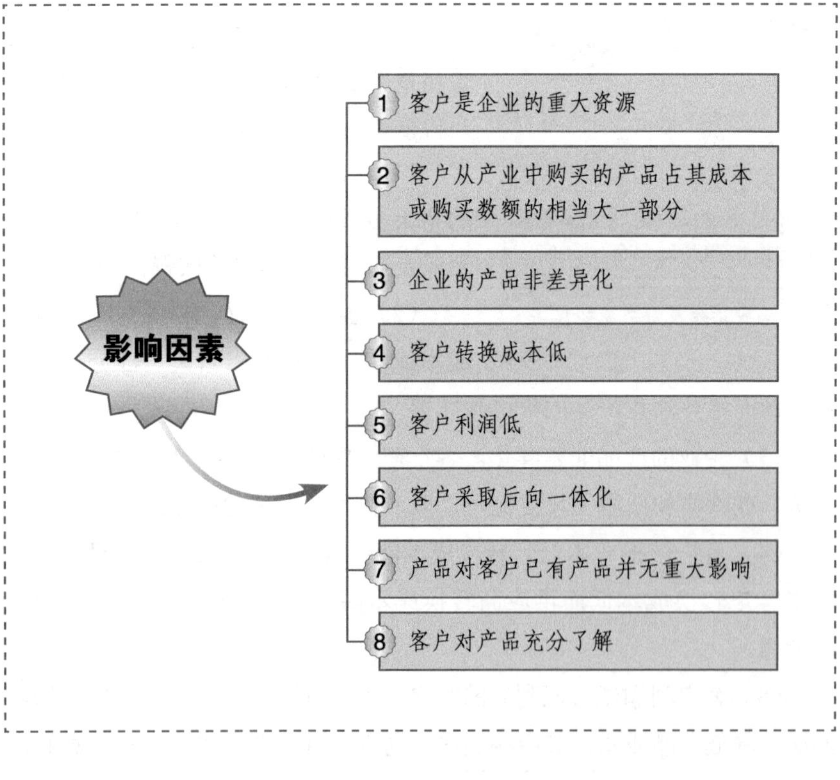

五大作用力之五：供应商价格谈判能力

供应商之于产业相当于产业之于客户。就像上一节讲到的，双方的利润是固定的，关键是分配的问题。产业面对的不同供应商的价格谈判能力不会相同，是什么左右着供应商的价格谈判能力？这是波特本节要讲的重点。

供应商进行价格谈判的手段和影响

供应商的价格谈判能力与客户的价格谈判能力是相互消长的。当供应商的价格谈判能力较弱时，客户的价格谈判能力也会减弱，因为产业可能因为供应商的原因而向客户出售更低价位的产品。反之亦然。

一般情况下，供应商的客户所属的产业远没供应商那么集中，这就容易导致供应商的价格谈判能力增强。

供应商通常会通过提高产品的价格、降低产品的质量或取消某方面的服务来向企业施加压力以取得与产业竞争的胜利。

来自供应商的压力不会针对产业中的某家企业，而会影响到整个产业。产业中的企业在供应商的压制下导致产品

小故事

巴斯夫股份公司（BASF SE）是德国的一家化工公司，同时又是全球最大的化工公司。巴斯夫下面有很多依靠巴斯夫的罐装公司，在巴斯夫对自己的产品提价时，很多罐装公司都存在利润受损的问题。因为罐装公司要面临客户自己解决制罐的威胁而在提价方面受到一定的限制，从而自身的利益也被盖上“上盖”。

成本增加，如果产品在市场上的价格提升不能跟上成本的增加，就会影响到整体产业的利益。

供应商价格谈判能力增强的原因

波特在书中列出6种能让供应商价格谈判能力增强的原因。

（1）供应商产业集中化程度高。当供应商的集中性比客户高时，供应商可以在价格、质量和交货日期上给客户造成压力。

（2）供应商不必与替代品竞争。供应商选择不同的途径避开与替代品的竞争。

（3）产业不是供应商的主要客户。供应商在面对不是自己的主要客户时，往往不会在价格上做出让步。

（4）供应商产品是客户的重要投入品。当供应商产品是客户的主要业务时，供应商价格谈判能力大增。

（5）供应商产品差异化或建立起转换成本。这两种因素都是供应商在竞争中的筹码。

（6）供应商表现出前向一体化的现实威胁。因为前向一体化的优势，供应商总能表现出较强的价格谈判能力。

供应商价格谈判能力增强的原因

供应商产业集中化程度高

供应商不必与替代品竞争

产业不是供应商的主要客户

供应商产品是客户的重要投入品

供应商产品差异化或建立起转换成本

供应商表现出前向一体化的现实威胁

根据五大作用力制定策略

当利用五大作用力清楚分析产业竞争后，就能探明产业竞争的结构，就可以从中辨明自己的优势和劣势，然后制定出对产业有利的竞争战略。

竞争战略

波特在书中给“竞争战略”的定义是“采取进攻或者防守的行为，把企业放置在进退有据的地位，成功防御五大作用力”。

如何才能创造出这种进攻和防守都有利的环境，波特在书中给出3种可供选择的方法。

Easy-going

给企业定位的目的并不是一味地让企业采取消极的态度，而是帮助企业寻找一个突破口，从而使企业在竞争中占据优势。

（1）给企业定位。熟知企业所属的产业结构后，合理分配企业的优势和劣势，以便与产业环境匹配，然后建立针对当前环境的竞争战略，比如什么时候该积极应对竞争、什么时候该回避竞争以及寻求最适合企业的切入口。

（2）做出实际行动影响作用力的平衡。竞争作用力的平衡也有可以由企业控制的部分，用结构分析法找出引起竞争的关键因素中哪些是企业可以影响到的且对企业有利的因素，然后做出相应的策略行动去影响作用力的平衡。

（3）让“变化”为我所用。产业无时无刻不在进行着演变，随着演变的深入，竞争因素也随之改变。

根据五大作用力制定策略

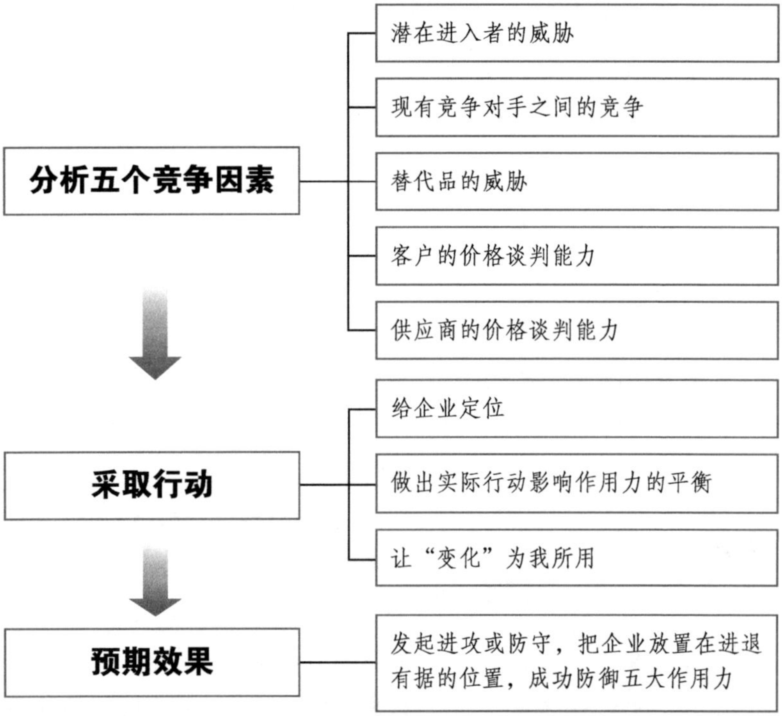

More

经验曲线

经验曲线是由波士顿咨询公司的布鲁斯·亨德森首先提出的，他发现生产成本和总累计产量之间存在一致相关性。

经验曲线是一种表示生产单位时间与连续生产单位之间的关系曲线。一家企业生产的产品数量越多，越能了解生产线，获得的经验就越多，在以后的生产中，企业可以根据经验准确地降低生产成本。每当公司的产量增大一倍时，其生产成本就会降低一定的百分比。

第3章

基本策略

本章教你：

- ▶ 三种基本策略的含义、实施手段、预期取得的效果以及附带的风险
- ▶ 运用这三种策略经营的企业

波特在上一章讲过，成功利用五大竞争作用力分析产业机构后，制定竞争战略的目的是：采取进攻性或防守性的行为，把企业放置在进退有据的地位，成功防御五大竞争作用力。当然，针对不同的竞争作用力，不同的企业会有不同的方法。波特从最广泛的意义上出发，归纳出三种具有统一性的基本策略——最低总成本、差异化、集中目标。

三种基本策略

三种基本策略是竞争战略中最基本、最长期、最有效的策略。任何一种策略都有可能让企业在竞争中战胜竞争对手。

三种基本策略的含义

在对抗五大竞争作用力时，波特提出能提供成功机会的3种基本策略，分别是最低总成本（Overall Cost Leadership）、差异化（Differentiation）、集中目标（Focus）。

（1）最低总成本。这种策略在全产业范围内实行，主要目的是让企业占据低成本地位。

（2）差异化。这种策略也是在全产业范围内实行，主要目的是让企业产品在产业内形成差异化。

（3）集中目标。这种策略只能在特定区域实行，在集中目标的基础上可以选择实施上面两种策略中的一种或两种。

波特勾勒的三种基本策略的结构

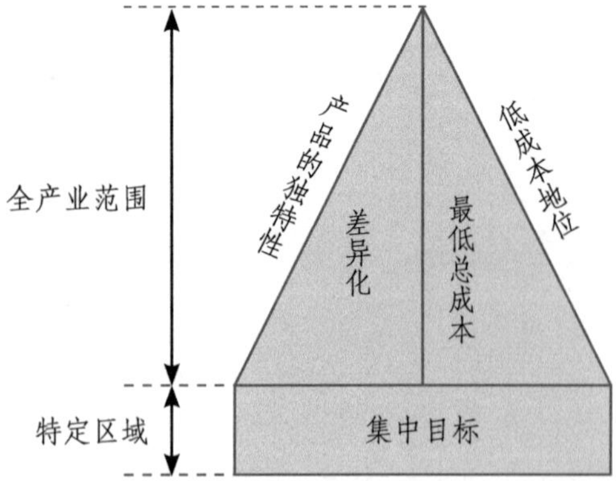

三种基本策略可能取得的效益

这三种基本策略中的任何一种实施起来都需要全力以赴，如果有的企业想用其中一种以上作为自己的策略目标，就很容易将自身的力量分散。这些基本策略主要的作用是对抗上一章讲过的五大竞争作用力，从而帮助企业在竞争中顺利击败对手，从中取得一定的收益。

三种基本策略防御五大作用力

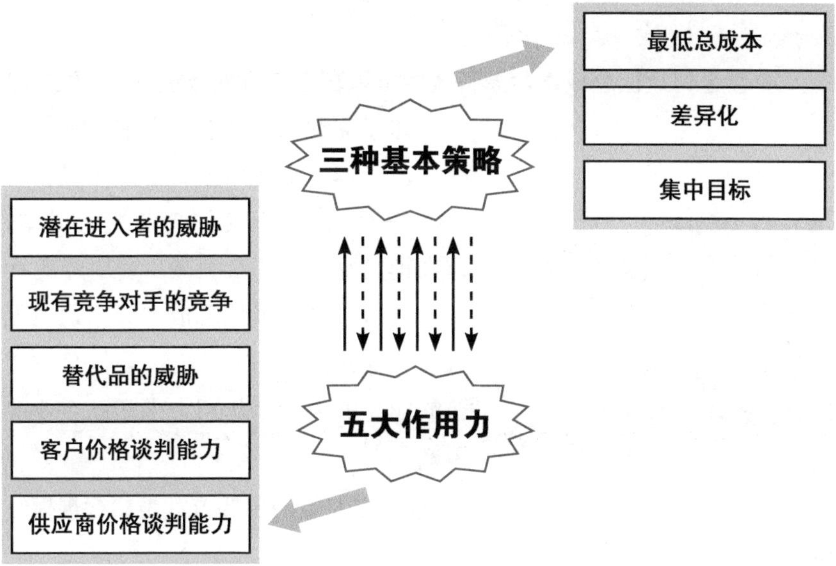

More

在某些产业，产业结构能让所有的企业获得较高的收益；在另外一些产业，则需要运用三种基本策略才能获得一定的收益，而一种基本策略在相对意义上讲只能使企业得到勉强满意的收益。

基本策略一：最低总成本

在抵御五大竞争作用力时，较低的价格无疑是最有利的武器。最低总成本依靠价格的优势可以获得高于产业的平均利润。最低总成本通过哪些方法来实现？任何一种策略都存在一定的风险，最低总成本策略的风险在什么地方？我们看一看波特是如何详细解答这些问题的。

最低总成本策略的实施方式和作用

要想达到最低总成本，波特认为可以在三个方面改进：一是生产设备，即建立起形成规模经济的设施；二是生产成本，即在研发、生产上最大程度地控制成本；三是销售与服务成本，即在销售及服务环节上减少费用开支。

Easy-going

在采用最低总成本策略时需要注意一点，所有降低总成本的行为都要以保证质量、服务等前提下进行。

波特通过对最低总成本策略遭遇五大竞争作用力的分析得出：最低总成本策略能在五大竞争作用力中帮助企业赢得竞争。

（1）潜在进入者的威胁。最低总成本策略的主要方针是实行规模经济，这就成了潜在进入者的进入壁垒。

（2）现有竞争对手之间的竞争。即使竞争加剧，当竞争对手在激烈的竞争中已经无法获得利润时，实行最低总成本策略的企业借着低成本的优势一样可以获取利润。

（3）替代品的威胁。实施最低总成本策略的企业在遇到替代品时比其他企业受到的威胁要小。

（4）客户价格谈判能力。客户对企业进行压价时最多把价格压到价格第二低的价位上，既使这样，企业依旧是有利可图的。

（5）供应商价格谈判能力。因为实施最低总成本策略的企业在多方面降低成本，在面对供应商的威胁时有较多的迂回空间。

最低总成本策略的实施方式和作用

- 实施方式
  - 改善生产设备，实现规模经济
  - 控制生产成本，如研发、生产成本
  - 在销售和服务上减少开支
- 作用

最低总成本抵抗五大竞争作用力

最低总成本		五大作用力
形成规模经济的进入壁垒	←→	潜在进入者的威胁
总能比竞争对手获得更多的利润	←→	现有竞争对手之间的竞争
在遇到替代品时受到的威胁较小	←→	替代品的威胁
遇到价格谈判能力强的客户也只能把价格压到第二低，企业依旧获利	←→	客户价格谈判能力
由于多方面的成本控制，面对供应商时，企业拥有更多灵活的变动	←→	供应商价格谈判能力

最低总成本策略的风险

最低总成本策略会给企业带来低成本的产业地位，可企业要想长期保持这种地位也要承担沉重的负担。随着技术的不断更新，要保持最低总成本就必须时常更换生产设备。最低总成本策略的精髓是以规模经济和生产经验竖起进入壁垒，所以在参与竞争的时候，企业同样要承受这

小故事

20世纪20年代，福特汽车公司通过一切可能的手段实行最低总成本策略，并且取得成功。可是随着生活水平的提高，人们购车的目的早已不限于实用性，而开始偏向于风格、舒适程度或者身份的象征，这时候，客户情愿为了自己的喜好多花钱。当时的通用汽车公司在这方面做了充足的准备，以自己优质的产品成功赢得消费者的信赖，领跑当时的汽车市场。

种壁垒带来的风险。

波特在书中列出最低总成本的4种风险。

（1）淘汰。技术上的日新月异，不仅让企业过去的投资打了水漂，而且把企业费尽心思学来的经验变成无用的。

（2）被模仿。新加入者可以通过模仿或者以其对高技术水平设施的投资能力，用较低的成本学习企业过去的经验。

（3）忽略其他。可能过于重视成本，而忽略其他方面的因素。

（4）消除差异化的代价。大批量地生产产品，无法形成差异化，要想消除与其他产品之间的差异化，需要很大的努力。

最低总成本策略的风险

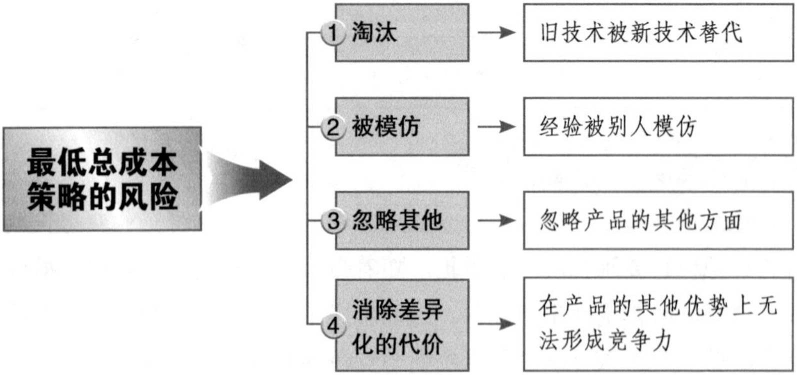

基本策略二：差异化

波特认为的差异化是指“在产品或服务上形成差异化，形成一些在全产业范围内具有独特性的东西”。猛一看，这只是个笼统的概念，要怎么实现差异化？差异化会取得什么样的效果？差异化存在什么风险？这可能都不清楚。波特在这一部分主要针对这些问题展开讨论。

形成差异化的途径以及差异化的作用

实现差异化策略的途径有很多种，波特在书中列举出的有设计或品牌形象、技术特点、外观特点、客户服务、经销网络以及其他方面。波特在这之后特别指出，能同时通过多种途径实现差异化的企业具有更大的竞争力。

实现产品差异化的过程也要注意成本的变化，这时候的成本虽然不是重要的策略目标，但也不能忽视。

波特认为，如果产品差异化建立成功，也能成功防御五大作用力。

（1）潜在进入者的威胁。差异化能在产品结构、销售环节以及服务等多方面形成独特性，这些独特性加强了进入壁垒，从而能降低潜在进入者带来的威胁。

（2）现有竞争对手之间的竞争。客户对差异化产品的偏爱以及客户对差异化产品较低的价格敏感度，可能因此让企业避过竞争。

（3）替代品的威胁。形成差异化可以让客户忠诚于该产品，在遭遇替代品时比其他竞争对手更有利。

（4）客户价格谈判能力。差异化让客户的选择余地缩小，可能降低客户的价格敏感度。

（5）供应商价格谈判能力。差异化会给企业带来较高的利润，在面对供应商压价且幅度不是很大时，企业可以不在乎。

差异化策略

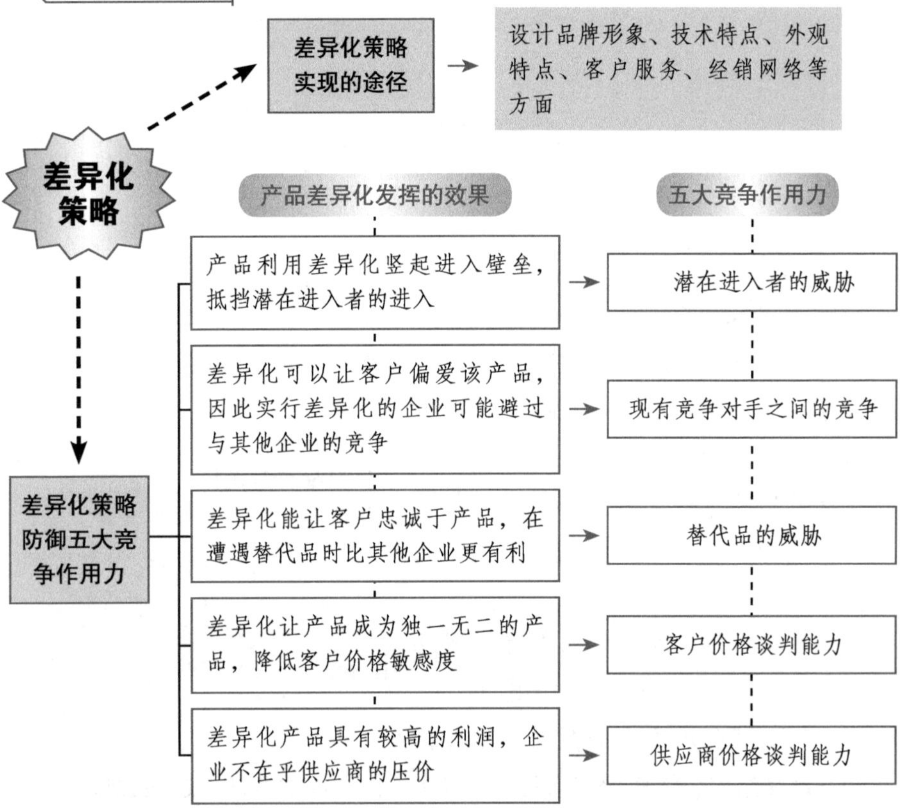

小故事

卡特皮勒公司就是通过差异化策略取得成功的公司。它的网络营销和优良的零配件供应服务在产业内都是标新立异的，不仅如此，该公司还有一个特别的地方，它的产品是公认的优质耐用。因此，尽管卡特皮勒公司的产品价格很高，但依然占有强大的市场份额。

差异化策略的风险

差异化策略看上去很完美，其实不然，它在某些方面也存在着一定的风险。波特认为差异化策略的风险有以下 3 种。

Easy-going

客户的忠诚度是建立在相对基础上的，如果差价过于明显，会令客户怀疑自己的选择。

（1）差异化碰上低价格。形成产品差异化需要不同方面的努力，其成本自然要比一般产品高一些。当差异化遭遇低价格产品的攻击时，可能会因为价格差异过大而无法再吸引客户，客户情愿抛弃产品和服务上的特性而去享受价格的优惠。

（2）客户对差异化需求欲望下降。当客户更清晰地了解差异化和产品功能的联系后，可能不会再像过去那样追求差异化。

（3）模仿的存在。产业内的模仿是无法避免的。随着产业的成熟，越来越多的模仿，让企业辛辛苦苦创造的差异无法得到认可。

差异化策略的风险

① 差异化碰上低价格 → 差异化本身成本就比正常产品高，在与低成本产品相碰时，其中的差价过于明显

② 客户对差异化需求欲望下降 → 客户越来越实在，越来越精明时，可能就会不再在意产品的差异化

③ 模仿的存在 → 被别的企业模仿后，产品差异化就不复存在

基本策略三：集中目标

集中目标是指对准特定的客户群或者特定的区域，把经营资源集中，从而达到抵御五大竞争作用力的目的。波特指出，集中目标必须结合前面两种策略中的一种或两种才能取得成功。

集中目标策略

集中目标策略必须和前面两种基本策略中的一种或两种结合才能取得成功。

把主要精力放在特定的区域，市场规模比整个产业的目标都要小，“专则精，精则无所不妙”。这样，企业所处的竞争圈子就会缩小，然后再在这个小的圈子里实施最低总成本策略或差异化策略，就能轻松固定这个市场，从而获得高于产业平均值的收益。

虽然采用集中目标策略的企业无法在整个产业内取得低成本或差异化，但在自己的市场内取得了其中一种或两种优势。由于集中目标策略最后会取得兼顾前两种策略的效果，所以

小故事

Martin-Brower 是美国第三大食品分销公司。Martin-Brower 在面对产业内竞争时，选择削减客户，只留下八家主要的快餐连锁店。同时，只保留特殊客户所需的产品链，在订单上与客户的购买周期紧密衔接，根据客户的需要设置公司的仓库，从而在这些细分市场取得低成本优势。Martin-Brower 也一样从中得到高于产业平均水平的利润。

策略一旦实施成功，企业不仅能从竞争中抽身而出，还会为自己塑造非常强大的防御能力。

集中目标

集中目标

- **集中目标的前提条件**
  - 在选定的特定区域内，企业能表现出更高的效率，收获更高的效益，从而在产业内、在更大范围内与对手竞争
- **集中目标的实施**
  - 集中目标+最低总成本
  - 集中目标+产品差异化
  - 集中目标+产品差异化+最低总成本
- **集中目标形成对五大竞争作用力的防御**
  - 最低总成本的防御能力
  - 产品差异化的防御能力

More

相对于整体产业，集中目标策略在市场占有率上是有限的，集中目标的成功与否关键看利润率与销量的直接关系。集中目标策略可能会牺牲成本优势，也可能会利用成本优势。集中目标策略有多种选择路径，在运行此策略时要注意结合各方面的因素才能取得成功。

集中目标策略的风险

集中目标策略的风险和前两种策略的风险是完全不一样的。采用集中目标策略的企业，可能在成本上与整个产业拉不开距离，集中的特定区域内的需求也可能和整个市场的需求差不多，如果这样，集中就变得毫无意义。波特认为集中目标有以下几种风险存在。

集中目标所在范围较小，如果受到猛烈攻击，可能使整个企业垮掉。

（1）优势被产业内重要企业抵消。产业内重要企业往往有较强大的优势，如果其在全产业范围内的成本低于集中目标区域的成本，或者其差异化冲击掉集中目标区域的差异化，则集中目标市场就会变得毫无意义。

（2）策略目标无法与整体市场拉开距离。集中目标的主要优势是在特定区域内形成独特的优势，而当这个区域的优势无法与外面大的市场拉开足够的距离时，企业就无法形成较强的竞争力，也就无法取得高于平均水平的利润。

（3）受到更精细集中目标的入侵。企业的细分市场中出现其他的竞争者，且竞争者在该细分市场中找到更小的细分市场，则使企业的集中目标显得不够集中，从而失去该策略的意义。

小故事

企业 X 和企业 Y 都属于造纸业，企业 X 规模较大，各种纸都生产；企业 Y 规模不如企业 X，企业 Y 选择的策略是只生产工业用纸，并在这方面取得不小的成功。当金融风暴来临时，造纸业受到冲击。企业 X 因为拥有颇具规模的生产线和庞大的市场，所以在面对金融风暴时在全市场内采取全线产品降价策略。企业 Y 由于各种因素的限制无法与企业 X 一争高下，只能黯然退出这场战斗。

集中目标策略的风险

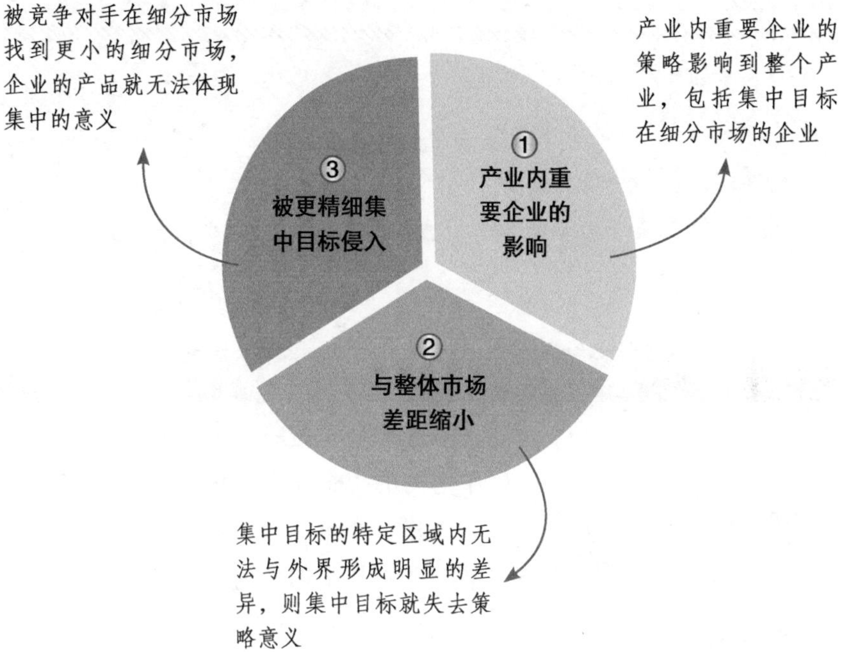

More

三种基本策略的关系

三种基本策略存在着较大的差异，上面已经分别详细介绍了三种基本策略的特征、用处及风险。

三种基本策略在实施过程中需要不同的领导风格。领导风格是企业文化和企业工作环境的体现，独特的风格能吸引需要的人才。

三种基本策略虽然有一定的差异，可彼此之间并不排斥，保持采用一种基本策略作为重要目标是成功的基础，可也不能忽视另外两种策略涉及的问题。

游荡在三个基本策略之间的企业

有一些企业，处在竞争的大潮中却没有采用上述的任何一个策略，以致陷入困境；或者是只采取一个策略，可却在短时间内更换策略，这就是波特指出的游荡在三个基本策略之间的企业。这些企业为什么会处在不利的环境中？出路又在哪里？波特将在这部分详细解答这些问题。

游荡在三个基本策略之间的企业的不利处境

企业竞争和求知的道理是一样的，“学如逆水行舟，不进则退”。

三个基本策略是用以对抗五大竞争作用力的，企业可以根据自身的需要从中选择一个策略来实施。如果一家企业不能采用其中的任何一个作为自己的竞争策略；或是采取了其中一个策略，但却在短时间内更换策略，就很容易让企业陷入非常不利的处境。此类企业被波特称为游荡在三个基本策略之间的企业。

游荡在三个基本策略之间的企业几乎注定是低利润或无利润的。这

小故事

GE、Baldor、Franklin 是美国小马力电机产业中的企业。产业在五大作用力的冲击下，GE 选择的是最低总成本策略，Baldor 采用的是集中目标策略，而 Franklin 就是游荡在三个基本策略之间的企业，既没选择低成本也没能形成集中目标。在电机业，Franklin 的业绩明显落后于其他两家企业。

样的企业不是抓不住需求低价格的客户，就是在与低成本企业的竞争中丧失利润。这些企业既不能战胜那些专攻低成本的企业，也无法与那些产品全面差异化的企业进行竞争，在这种左右为难中遭遇不可预知的种种麻烦。

游荡在三个基本策略之间的企业的出路

游荡在三个基本策略之间的企业的唯一出路是，在三种基本策略中选择一种作为企业的发展方向。

三个基本策略到底哪一种适应于游荡的企业？相信这也是这些企业的困惑所在。其实在选择过程中只要掌握最基本的要求，就能从中选出企业所需要的策略。这个基本点就是波特在书中所说的“计划中的策略要能最大限度地发挥企业的优势，并且最不利于竞争对手重复使用的”。这就说明选择基本策略时一定要和企业状况相结合。

游荡在三个基本策略之间的企业

游荡在三个基本策略之间的企业

处境

↓

企业几乎都是低利润或无利润

↓

❶ 成本上无法与最低总成本企业竞争
❷ 产品特性上无法与差异化企业竞争
❸ 无法与专攻高利润的企业竞争

出路

↓

在三个基本策略中选择一种

↓

选择原则：能最大限度地利用企业的优势，且是竞争对手无法轻易复制的

第4章

分析竞争对手的基本框架

想要给企业制定出一种完全符合当前竞争状况的策略，最中心的任务是透彻地分析竞争对手。波特认为分析竞争对手的目的通常有以下几类：①清楚地知道竞争对手的目的；②大致上了解竞争对手将要采取的策略以及成功的概率；③明晰竞争对手可能对企业现行策略做出的反应；④了解竞争对手在产业变迁和更广泛的环境变化中会做出的应对措施。

本章教你：

- 了解企业需要分析竞争对手
- 分析竞争对手的四大基本点
- 通过四大基本点判断竞争对手可能做出的反应
- 分析竞争对手需要一个系统的情报网

分析竞争对手的四大基本点

当企业锁定了需要分析的竞争对手后，接下来要做的就是着手分析竞争对手。分析竞争对手是需要一定技巧的，波特在书中提出四大基本点帮助企业分析竞争对手。

四大基本点

未来目标、假设、正在执行的策略、能力，就是波特提到的分析竞争对手的四大基本点。其中，未来目标和假设是竞争对手发起竞争的驱动力所在，而正在执行的策略和能力主要用来分析竞争对手的现有行动和能力。很多企业或多或少会了解对手一些优势和劣势，也有可能熟知对方正在执行的策略，可很少有企业关注对方的未来目标以及竞争对手对自身或对手的假设。

四大基本点

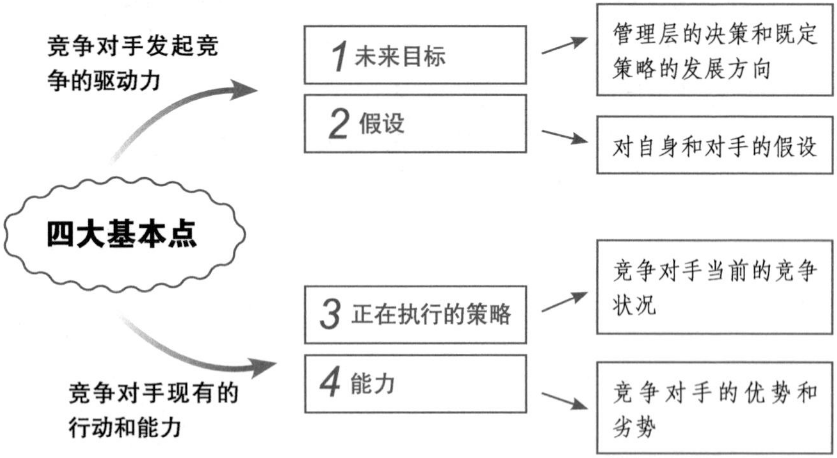

四大基本点解析之一：未来目标

在分析竞争对手的目标时，可能更多的人关心的是对方的财务目标，其实财务目标只是未来目标中的一种，只有从多方面因素考虑才能定位竞争对手的未来目标。分析竞争对手的未来目标时，不能单一地针对眼前的对手，还要注意对手的多级管理层。

分析竞争对手未来目标的方法

波特认为分析竞争对手未来目标时，需要从两个方面着手：一是对竞争对手的直属业务目标进行分析，如组织结构、领导人员等；二是分析竞争对手的母公司的业务目标，如母公司整体经营状况、母公司的下一步计划 、下属企业对于母公司的策略意义等。

分析竞争对手未来目标的作用

当企业对竞争对手的未来目标有一定的了解后，就可以准确地判断竞争对手当前的财务状况、竞争对手是否满足于当前的地位、对其他企业的策略举动所能做出的反应，还可以知道竞争对手企业总部是否会加入竞争。

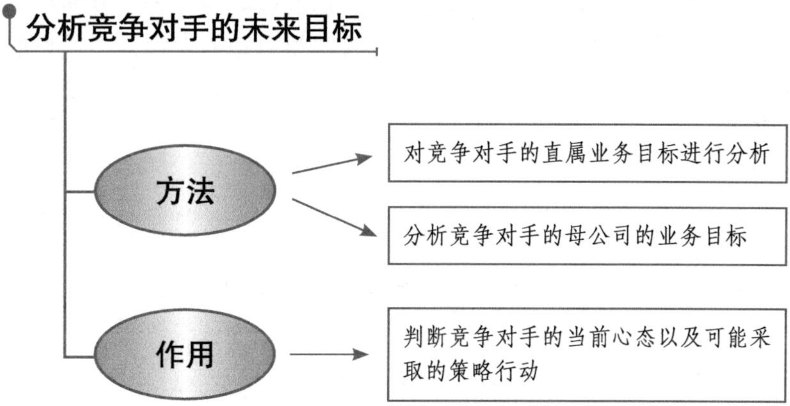

四大基本点解析之二：假设

波特认为假设有两类：一类是竞争对手对自己的假设；另一类是竞争对手对产业及产业内其他企业的假设。而“假设的盲点”也是不容忽视的。

假设的种类

分析竞争对手的第二个基本点是辨识竞争对手的假设。波特认为假设有两类：一类是竞争对手对自己的假设；另一类是竞争对手对产业及产业内其他企业的假设。

每家企业对自身都会有或多或少的假设，比如把自己假设成知名企业、产品差异化者、产业龙头等。这些假设将潜在地左右着企业的行为动作。例如，自认为产品差异化进行得很好的企业可能会无视别人的低成本进攻。

竞争对手也会对其竞争对手进行假设，不正确的假设可能令它丧失绝佳的策略时机。

假设的盲点

竞争对手在假设过程中可能会有某方面的疏忽或在某些方面自以为是，波特把竞争对手无法顾及的点以及错误看待的点称为“假设的

小故事

Miller 啤酒公司在被 Philp Morris 收购后，推出一种 7 盎司一瓶的淡啤酒。据报道，当时很多啤酒公司看不起 Miller 公司的这一举动。当 Miller 公司抢占大量市场份额后，他们才认识到这是产业内很多企业的盲点，最后不得不效仿 Miller 公司。

盲点”。

通过对各种类型的假设进行仔细的检验，企业能发现竞争对手管理人员认识环境中的盲点。这些盲点是对手无法看到的，他们或许无法正确认识这些盲点，也可能需要一定时间才能清晰地看到。

波特认为，假设的盲点主要有以下几种情况：自认为假设的优势或劣势是正确的；对某些产品或产品特性有一定的感情渊源；文化、区域、国家的不同以及对事物认知的差异；长时间积淀下来的一些习惯；竞争对手对产品或产品趋势的个人看法；竞争对手低估或高估竞争对手；竞争对手的思想被旧思想禁锢；无法客观地看待新事物。

竞争对手的假设

假设

- 假设的种类
  - 竞争对手对自己的假设
  - 竞争对手对产业及产业内其他企业的假设
- 假设的盲点
  - 自认为假设的优势或劣势是正确的
  - 对某些产品或产品特性有一定的感情渊源
  - 文化、区域、国家的不同以及对事物认知的差异
  - 长时间积淀下来的一些习惯
  - 竞争对手对产品或产品趋势的个人看法
  - 竞争对手低估或高估竞争对手
  - 竞争对手的思想被旧思想禁锢
  - 无法客观地看待新事物

四大基本点解析之三：正在执行的策略

要想了解每家企业的现行策略，首要的是要知道策略的运行模式。波特认为策略的运行模式通常会有以下三种：大张旗鼓的、企业内部的、各自为政的。在这一部分波特还特别介绍了一种经典竞争战略——轮盘竞争战略。

正在执行的策略的运行模式

分析竞争对手的第三个基本点是清楚地知道每个竞争对手正在执行的策略，波特在《竞争战略》的绪论中详细介绍了三种策略运行模式以及各种模式的效果。

（1）大张旗鼓的运行模式，是指大刀阔斧地推行策略，因为能做到企业上下一致，所以能取得显著效果；

现行策略的三种运行模式

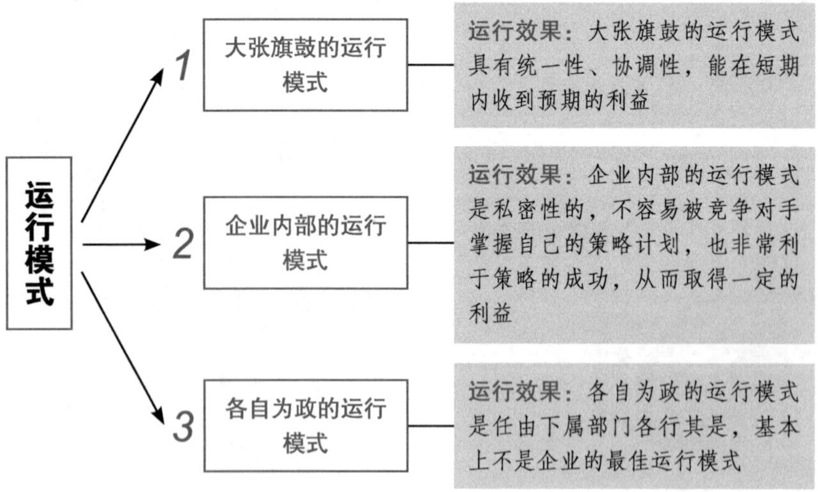

（2）企业内部的运行模式，是指在企业内部隐秘进行，因为具有私密性能瞒过竞争对手，所以也能取得一定效果；

（3）各自为政的运行模式，是任由下属部门各行其是，这种模式基本上很糟糕。

轮盘竞争战略

如下图所示，竞争战略就是企业为达到某些目的，寻求不同方针的过程中应时而生的产物，策略的根本内涵就隐藏在这个转轮中。

该图就是被称为“轮盘竞争战略”的经典竞争战略之一，轮盘很明了地把企业竞争战略中的一些关键地方统一地呈现出来。轮盘的轮轴是企业追求的目标，辐条处标示出能达到这些目标的主要战术。不同企业制定的竞争策略必然有着独特的性质，因为策略的出发点是企业自身的状况。当其中被选定的战术运行时，有可能反过来指导着整个企业的运作，这一点是“轮盘竞争战略”最形象的地方，辐条虽然出自轮轴，但如果不连接起来是无法形成一个整体的，轮盘也就无法转起来。

轮盘竞争战略

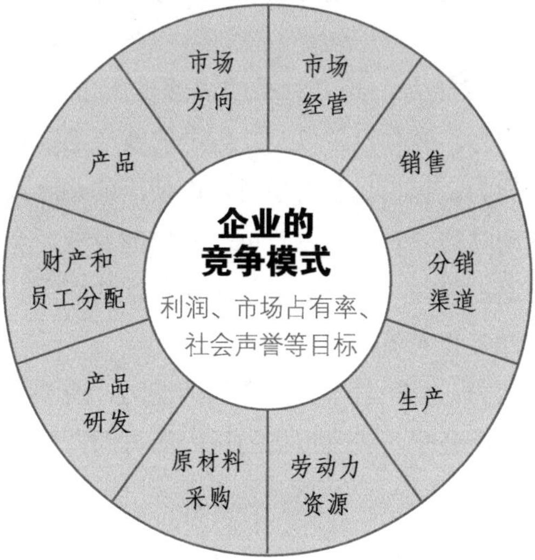

四大基本点解析之四：能力

能力是分析竞争对手的最后一个基本点。波特认为的能力是指竞争对手客观真实的综合实力。企业要想了解竞争对手的能力就必须对对方的能力进行全面的分析。

分析竞争对手的能力

在进行能力分析前，列出全面的、需要分析的能力方面，无疑能帮助企业更好地掌握竞争对手的能力。

波特认为，分析竞争对手的能力要从以下方面的能力进行分析：中心能力、成长能力、快速反应能力、应变能力、坚持能力。

（1）中心能力。分析竞争对手在各领域的能力以及能力中的优势和劣势，检测竞争对手的策略能力，判断竞争对手的中心能力是否会随着企业的成熟而发生变化。

（2）成长能力。竞争对手在成长过程中，能力是变强还是变弱？竞争对手的发展能力是否会持续增长？哪些方面的财务能力会随着产业的增长而增长？

（3）快速反应能力。竞争对手的快速反应能力，主要受手中的现金、剩余借贷能力、剩余设备以及计划中的新产品影响。

（4）应变能力。包括竞争对手还可以使用的剩余成本能力，竞争对手面对产业变动时的应对能力以及可能做出的反应，竞争对手是否存在着不可逾越的退出壁垒，竞争对手与企业总部的关系，竞争对手是否拥有其他方面的设备和人员。

（5）坚持能力。竞争对手打持久战的能力，主要受剩余现金、员工的管理制度、资金分配、股票市场的压力等方面影响。

分析竞争对手的能力

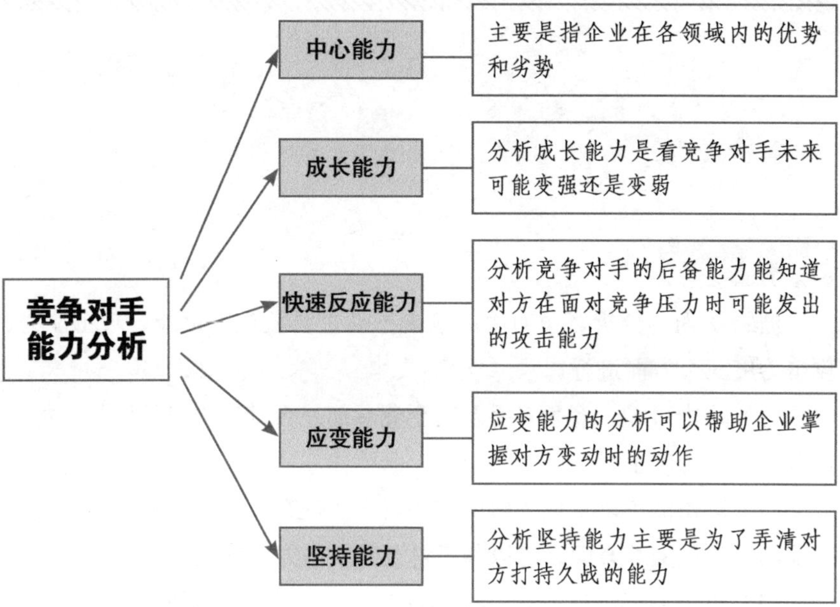

More

分析竞争对手能力的关键区域

观察竞争对手在关键性区域的优势和劣势将有利于分析对方的能力。波特列出的关键性区域分别是：产品、销售渠道、经营销售、操作、研发能力、总成本、财务状况、企业管理、人员协调、企业业务组合、政府政策和人员流动等区域。任何一家企业在这些区域中不可能全部占有优势，正确分析竞争对手在这些区域的状况，才能准确把握产业竞争的方向。这样才能在竞争中占据主动，赢得市场。

预测竞争对手可能做出的反应

企业从四大基本点着手对竞争对手进行了详细分析后，就可以判断竞争对手将采取怎样的行动以及这些行动可能达到的效果。波特在本部分主要介绍竞争对手可能采取的进攻行动和防守行动。

攻击行动

波特认为，分析竞争对手的攻击行动主要从攻击可能、攻击能力、攻击力度三个方面进行。

（1）攻击可能。竞争对手及其企业总部是否满足当前的地位，将决定着对方是否出手。

（2）攻击能力。从已了解的竞争对手的现有能力、企业假设以及管理层的固定思维等方面，可以判断对方的攻击方向和攻击能力。

（3）攻击力度。猜测竞争对手的攻击力度要以对方的期望热度和预期利益为基础，这两点都是激励竞争对手行为能力的推动力；企业人员高昂的斗志和高额利益的诱惑均能激起企业上下的疯狂。

防御行动

关于竞争对手的防御能力，波特认为可以从以下三个方面分析得出结果：软弱的地方、忌讳的地方、报复的效果。

（1）软弱的地方。竞争对手在哪些方面比较软弱？哪些行为对竞争对手的影响比对企业的影响要小？

（2）忌讳的地方。每家企业都有一些敏感地带，这些地带是不允许别人随便侵入的，一旦侵入，将会遭到猛烈的报复。

（3）报复的效果。竞争对手面对进攻时会采取怎样的报复行动，以及报复行动可能达到的效果如何。

预测竞争对手可能做出的反应

竞争对手

面对竞争时可能做出两种反应：攻击行动、防御行动

① **攻击行动** → 攻击行动的概率和能力

- **攻击可能** 分析竞争对手出手的概率
- **攻击能力** 判断出竞争对手的攻击方向和攻击能力
- **攻击力度** 竞争对手期望的目标以及对此目标的热度将影响竞争对手的攻击力度

② **防御行动** → 防御行动的能力

- **软弱的地方** 竞争对手在哪些竞争战略面前比较脆弱
- **忌讳的地方** 哪些事情可能遭到竞争对手不惜一切代价的报复
- **报复的效果** 依据四大基本点分析竞争对手，总结出竞争对手的反应和相关举措，以及在报复上的力度和深度

More

企业的防御

企业卷入竞争浪潮时，第一反应必定是做出相应的防御，就算是攻击别人的企业也要保留足够的防御措施，防御几乎是人们在受到攻击的第一思维反应。防御在产业竞争中无处不在，而不同的企业会因为各种各样的因素有着千差万别的防御能力。在与竞争对手对峙的时候，准确定位对方的防御能力也是必不可少的。

信息收集系统

上面已经讲过分析竞争对手的基本方法，涉及竞争对手的方方面面。而全面准确地分析出想要的结果，必须要有庞大的数据作参考。大量真实的信息数据对于分析竞争对手的重要性不言而喻，而且可以肯定地说每家企业都存在专门负责收集数据的机构或人员。波特在本部分主要介绍信息收集系统。

信息收集系统的结构

Easy-going

由于信息的复杂性，想要一个人或一次性收集到所有想要的信息是不可能的。信息库的资料是靠日积月累形成的。

竞争对手的信息是复杂多样的，如在生产、销售、服务等方面的信息。而这些信息的来源也是多方面的，如竞争对手公开的报表、竞争对手销售队伍的透露、竞争对手离职的管理层等。所以信息收集也不是一件容易的事情。

收集编辑所需的资料不是仅仅靠努力就能完成的，为了更快、更准确地得到想要的信息，就必须有一种类似情报机关的机构存在，而这个机构的工作往往不是一个人能胜任的，因为它里面的工作量远超过一个人所能做的。

波特指出的信息收集系统就是由不同层面构架而成的，其中包括信息收集、信息编辑、信息归类、信息整理、信息报告，直到最后利用这些信息分析竞争对手。

信息收集主要从不同方面收集口头信息和书面信息。信息编辑主要负责信息的剪取和核对。信息归类主要是信息摘要以及信息源的分类。信息整理是把信息按照一定的次序排列。信息报告包括常规业务汇报和深层次汇报。

信息收集系统

❶ 口头信息收集 ❷ 书面信息收集	❶ 供应商、客户、销售人员、技术人员、会议、调查公司、经济分析家、销售渠道 ❷ 新闻、专业论文、政府文件、演讲、报告、档案、记录
↓ 信息编辑	剪取信息，核对信息 常规报告，汇报重要情况
↓ 信息归类	整理出相关文档、信息摘要、信息源和摘要分类
↓ 信息整理	整体信息的概要，信息来源的可信度排列，季度财务对比，产品线及相关成本估计，正式的财务报表
↓ 信息报告	常规简报汇报，常规业务汇报 深层次汇报，竞争对手简报

More

不同的企业在信息收集上会使用不同的手段

波特指出不同的企业在信息收集上也会有所不同，有的可能是成立一个专门的小组负责收集，有的可能只是让企业策划人员在进行策划时顺便完成。

之后波特又指出，在收集信息方面，似乎不存在唯一正确的方法，但无论企业采取什么方法，都要确保负责收集信息的那个人或那些人对这个工作有着极大的兴趣，否则可能会错失很多至关重要的信息。信息收集的关键在于有心、专心、细心。

第5章

市场信号

市场信号通常会或多或少地反映有用信息，能有效地帮助分析竞争对手和制定策略。信号中同时也会包含不少错误的信息。想要轻松利用信号带来的信息，首先要学会准确识别市场信号。学会识别市场信号有助于分析竞争对手情况和制定竞争策略。

本章教你：

- ▶ 市场信号
- ▶ 十种重要的市场信号
- ▶ 市场信号的辨别
- ▶ 市场信号的重要性

市场信号

准确辨别市场信号真伪的前提是熟悉各种重要的市场信号。波特在书中举例说明了十种重要的市场信号——事前预告行动、事后公布行动过程和结果、公开对产业进行讨论……

市场信号的概念

波特给市场信号的定义是“竞争对手在言论或行动上透露出来的信息，能直接或间接反映出竞争对手的方针、目的、意图以及企业内部的状况”。

市场信号的作用

波特认为市场信号的作用有以下几种：可能为了虚张声势，也可能是竞争对手动机、意图。

识别市场信号的能力是建立在长期对竞争对手行为分析的基础上。

重要的市场信号

波特在书中提出了十种重要的市场信号，分别是事前预告行动、事后公布行动过程和结果、公开对产业进行讨论、交叉规避、战斗品牌、偏离过去目标或产业习惯、竞争者对自身行动的讨论或解释、竞争对手的可能策略、策略变更的初始执行方式、秘密反托拉斯诉讼。

为何要辨别市场信号

发现和准确辨别市场信号能有效地帮助制定竞争策略。通过市场信号可以分析竞争对手的基本情况，然后企业就可以根据竞争对手的情况改变自己的策略，从而使企业在竞争中占据有利地位。

市场信号

市场信号

- **市场信号的概念** → 竞争对手在言论或行动上透露出来的信息，能直接或间接反映出竞争对手的方针、目的、意图以及企业内部的状况
- **市场信号的作用** → 虚张声势；某些行动趋势的体现
- **重要的市场信号** → 事前预告行动、事后公布行动过程和结果、公开对产业进行讨论、交叉规避、战斗品牌、偏离过去目标或产业习惯、竞争者对自身行动的讨论或解释、竞争对手的可能策略、策略变更的初始执行方式、秘密反托拉斯诉讼
- **为何要辨别市场信号** → 分析市场信号可以帮助分析竞争对手，从而使企业制定出对自身更有利的竞争策略

More

破解市场信号的先决条件

破解市场信号的先决条件是对竞争对手的基本分析，就是要了解竞争对手的未来目标、假设、现行策略以及能力。

详细分析十种重要的市场信号

波特认为辨别市场信号的真伪是分析市场信号的根本。十种重要的市场信号是最常见市场信号的概括，学会识别这十种市场信号的真伪就基本具备了分析市场信号的能力。

事前预告行动

公布的行动不是必须实施的行动。

事前预告行动是指竞争者使用正式的信息传递工具表示将会采取某种行动或不采取某种行动。波特认为这种信号的公布可能是准确的，也可能是虚假的，企业可能会根据公布的内容实施下一步计划，也有可能过一段时间后又宣布取消上次公布的行动。这种信号的发出通常附带着决策层的期望，他们希望通过这种信号传达的信息帮助企业达到某种目的。不同的企业对同一种信号抱有不同的期望。波特还把这类信号的作用归为六类。

（1）试探。企业利用公布的内容来观察竞争对手的反应，这一点就是公布但不是必须实施这一特征的重要体现。

小故事

得州仪器公司公布自己将在两年后投入的一种随机存储器的价格。七天后，伯马公司公布了这种产品的更低价格。半个月后，摩托罗拉公司公布了比伯马公司还低的价格。一月后，得州仪器公司再次对外公布价格，且价格是摩托罗拉公司的一半，这种价格直接导致其他公司决定不生产这种产品。

（2）抢占市场。对外宣布某种动向，比竞争对手抢先一步占领某种地位。比如，当一家企业对外宣称将要增加产品的某种最新功能时，他们是在尝试说服其他企业不要再朝着这方面发展，以便自己抢占这方面的市场。

（3）示威。当竞争对手策略的下一步威胁到企业时，且竞争对手坚持执行既定的计划，企业可能会选择发出这种信号向竞争对手示威。

（4）表达意见。这项功能和威胁作用相关，企业通过公布信息来传达企业在竞争中的高兴和不高兴的原因。

（5）安抚。企业在公布中公开自己的策略调整和下一步的动作，试图避免策略改变带来的报复和竞争。

（6）避免能力过剩。这个功能是有别于抢占市场的，虽然同样是公布自己的产品新功能，但在这里主要是提醒那些新增的企业，以免造成能力过剩。

事前预告行动的目的

目的 →

- ❶ 试探　企业利用公布的内容来观察竞争对手的反应
- ❷ 抢占市场　当一家企业对外宣称将要增加产品的某种最新功能时，他们是在尝试说服其他企业不要再朝着这方面发展，以便自己抢占这方面的市场
- ❸ 示威　当竞争对手策略的下一步威胁到企业时，企业可能会选择发出这种信号向竞争对手示威
- ❹ 表达意见　这项功能和威胁作用相关，企业通过公布信息来传达企业在竞争中的高兴和不高兴的原因
- ❺ 安抚　企业在公布中公开自己的策略调整和下一步的动作，试图避免策略改变带来的报复和竞争
- ❻ 避免能力过剩　这个功能是有别于抢占市场的，虽然同样是公布自己的产品新功能，但在这里主要是提醒那些新增的企业，以免造成能力过剩

事后公布行动过程和结果

Easy-going

事后公布暗含示威和避免能力过剩的作用。

企业在事实发生后对外公布行动的过程和结果。这是企业经常用的公布方法，如在销售量、生产量等方面的公布。这种公布也可能隐藏一定的信息，特别是公布很难得的内容或者是企业的公布很出人意料。

企业事后公布能通过相关内容的表达来告知其他企业自己已经触及的区域和实施的策略，使它们结合这些信息进行生产销售，以避免不必要的冲突。

和事前公布一样，事后公布也有可能在传达一种虚假的信息，当然，这并不是经常出现的。但当公布的内容涉及像市场占有率这方面的数据信息时，这些数据有可能没有经过审计，也不符合 SEC（Securities and Exchange Commission，美国证券交易委员会）审查程序。当企业认为某些数据能在一定程度上帮助它们抢占优势或者能给竞争对手传送某种信息时，就极有可能公布一些不真实的数据信息。

波特认为误导性数据的公布通常为了达到以下两种目的：一是公布相关产品的销售数据，在表面上扩大市场占有率；二是公布一家新建企业的最终能力，把企业的最终能力暗指成最初能力，意在威慑竞争对手，其实它公布的最终能力需要一定的努力才有可能达到。

More

企业如果能从对手事后公布的信息中找出哪些是真的、哪些是假的，就可以推测出对方的真实意图和真正实力，谣言和实际行动一样能发挥交叉规避的作用。

公开对产业进行讨论

竞争者公开对产业进行讨论，如对价格和市场的预测。波特认为这种行为一般有 4 种期望。

（1）使其他企业在某个领域与自身协调发展。这种情况多表现在对产业条件的讨论上，如对价格、资源、产品需求以及未来能力的预测。发表这些假设信号的企业有意或无意地想让其他的企业在这种假设下运行。有时候讨论也可能包含一些要求，希望大家能在一定程度上携手合作，而不是陷入一种恶性竞争。

（2）为了改善企业本身的地位。讨论针对某些不利于企业的方面，并且有理有据，让竞争对手无法反驳自己，以达到改善自身的目的。

（3）曲解别人以求改善自己。对与其他企业之间的竞争进行讨论，或依实际，或曲解对方，以求改善自身状况。

（4）做出安抚的姿态。这种评论多是表扬某个企业或整个产业，往往起到一种安抚作用，目的在于缓解双方的不愉快。

公开对产业进行讨论的目的

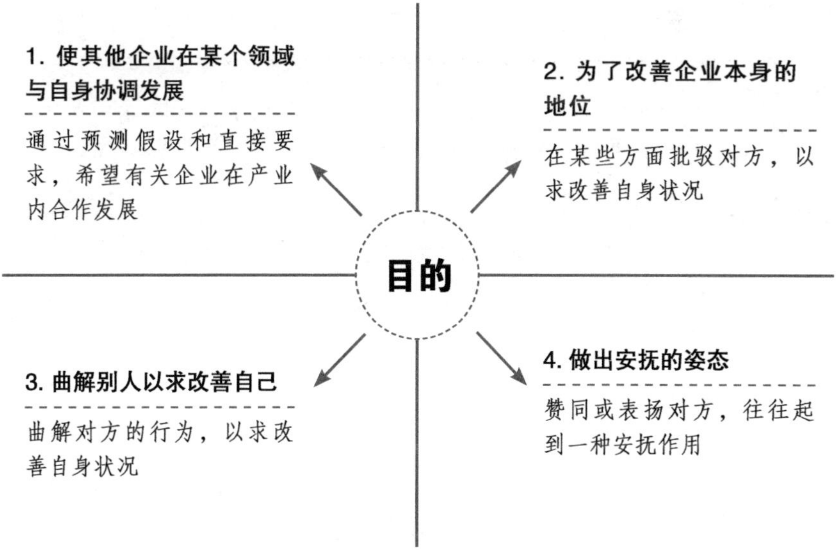

交叉规避

交叉规避是指当企业在某一领域实施策略行动时，竞争对手在对企业有影响的另一区域展开行动的现象。这就是波特在书中给交叉规避下的定义。

发生交叉规避的竞争双方通常都拥有比较长的产品链或者竞争范围比较广。

防御企业在发起者的重要市场发起反击时，是在清楚地表示自己的不满和自己将进行严厉报复；防御企业在发起者的次要市场发起反击时，则是在警告发起者，如果不及时停止侵入，自己将会采取更大的行动。交叉规避还能有效遏制市场占有率较大的企业，因为一旦交叉规避涉及价格战时，市场份额大的企业比发起者遭受的损失大得多。

Easy-going

交叉规避是防御企业对发起者的一种间接反击。交叉规避是市场的一个平衡杆，在交错的市场中一定程度上限制大企业的肆意扩张，作为一种潜在的威胁在市场中保持一种有节制的状态。

小故事

麦氏公司和福格公司都是烘烤咖啡业的大公司，麦氏公司在东海岸有着强大的市场，而福格长时间在西海岸发展。福格公司被宝洁兼并后，开始插足东海岸的市场竞争，麦氏公司为了表示自己的抗议和不满，开始增大西海岸市场的营销开支以及在西海岸实施降价策略。

战斗品牌

战斗品牌是与交叉规避相关的一种信号，是一个受到威胁或潜在威胁的企业通过引入一种品牌对发起者进行惩罚。战斗品牌是一种警告或示威的手段，只是一种形式上的东西，在某些方面对发起者造成压力。

小故事

福格公司是美国旧金山的一家咖啡公司，麦氏公司是日本的一家咖啡公司。福格公司曾一度用新品牌的方式侵入麦氏公司的市场，麦氏公司在面临市场威胁时，很快在被入侵的市场推出一种叫“地平线”的咖啡品牌，这款产品无论在包装上还是在特征上都与福格公司的产品相近。

偏离过去目标或产业习惯

偏离过去目标主要指在过去很长一段时间内的生产规律上做出重大变动，或在其他方面做出策略目标转移。当竞争对手发生这种偏离时，企业应该对其认真关注并进行竞争者分析。

偏离产业习惯是指在某些已定的产业习惯上做出史无前例的改变，比如对从未进行过降价的产品实行减价策略，以及在从前被否认的地方建立企业。

竞争者自身行动的讨论或解释

竞争者是通过在公众面前讲话或参加有影响的讲坛发表自己的言论，总之越能快速地把信息传播到其他企业的场合越是这类信号集中的地方。只有及时在产业中流传开来才能有希望让发言者收到预期效果。

发言者进行这种公开讨论自身行动的行为，无非是为了以下三种目的：①表明自己的行为，从而表示自己的目的，以免刺激到别的企业；②在言论中讨论新产品的代价和难度，企图麻痹别的企业，达到自己独占市场的目的；③许下某种承诺，用来表示自己在产业内发展的决心。

竞争对手的可能策略

每家企业在发展中都会面临多种策略的选择，不同的策略会给竞争对手带去不同的信号指示，同时也会引起竞争对手千差万别的反应。如果竞争对手选择的策略在发展的过程中严重损害到企业的利益，则是一种侵略信号；如果竞争对手选择的策略对其他企业的伤害较小，则是一种安抚信号。

策略变更的初始执行方式

策略变更是指企业在竞争过程的策略转变。波特认为，策略变更的方式在空间和时间上可以有多种选择。在方向上，可以在边缘市场进行竞争，也可以在核心市场发起攻击；可以针对竞争对手的主要客户，也可以在竞争对手不关心的市场进行变更。在时间上，可以在每年进行产品类型调整的时间进行，也可以在任何时间进行。

秘密反托拉斯诉讼

这种信号是指竞争对手指控企业秘密反托拉斯，通常被认为是一种不满信号，也可能是一种骚扰和拖延。

秘密反托拉斯诉讼与交叉规避一样，可以随时由发起方撤回，这是企业在对发起者传达一种信号，告诫对方不要过分地侵略或压制别的企业。

Easy-going

这种信号像是在说："你别走得太远，那儿不属于你。"

当小企业指控大企业时，这可能是一种较强警觉的方式，使其在诉讼未决时停止入侵行为，也有可能促使大企业实力有效地被中和。当大企业指控小企业时，可能是一种掩饰的惩罚方式。

More

秘密反托拉斯诉讼能减少竞争双方在市场上发生的直接冲突，同时是较弱企业在对抗大企业时较安全的一种方式。悬置的诉讼能使大企业感觉处在法律的威胁下，从而对大企业起到一种震慑的作用。

十种重要的市场信号

❶**事前预告行动** 事前预告行动是指竞争者使用正式的信息传递工具，表示将会采取某种行动或不采取某种行动	❷**事后公布行动过程和结果** 企业在事实发生后对外公布行动的过程和结果
❸**公开对产业进行讨论** 竞争者对产业进行公开讨论，比如对价格和市场的预测	❹**交叉规避** 交叉规避是指当企业在某一领域实施策略行动时，竞争对手在对企业有影响的另一区域展开行动的现象
❺**战斗品牌** 战斗品牌是与交叉规避相关的一种信号，是一个受到威胁或潜在受到威胁的企业通过引入一种品牌对发起者进行惩罚	❻**偏离过去目标或产业习惯** 偏离过去目标主要指在过去很长一段时间内的生产规律上做出重大变动，或在其他方面做出策略目标转移
❼**竞争者对自身行动的讨论或解释** 一般是通过在公众面前讲话或是参加有影响的讲坛发表自己的言论，总之越能快速把信息传播到其他企业的场合越是这类信号集中的地方	❽**竞争对手的可能策略** 每个企业在发展中都会面临多种策略的选择，不同的策略会给竞争对手带去不同的信号指示，同时也会引起竞争对手千差万别的反应
❾**策略变更的初始执行方式** 策略变更是指企业在竞争过程的策略转变	❿**秘密反托拉斯诉讼** 这种信号是指竞争对手指控企业秘密反托拉斯，通常被认为是一种不满信号，也可能是一种骚扰和拖延

参照过去分辨信号

波特认为，通过研究竞争对手过去发出的信息及与该信号对应的行动，能有效地提高企业分析判断当前发现的信号的能力，让企业预知竞争对手的行动，帮助企业制订下一步计划。

把过去作为参照物

长期的竞争对手之间彼此都掌握着对方很多的信息，竞争对手过去有意或无意表现出来的信号都已经被事实证明。那么通过对过去已有信号的整理总结就能准确断定出新信号中哪些是有意或无意的信号，再以过去为参照物推测出竞争对手下面可能有的动作。

Easy-going

关键一点：需要清楚了解竞争对手过去的信号和相应的行动。

依照竞争对手过去行为作为参照物，结合企业的实际情况，做出适宜的策略改变，帮助企业成功应对竞争。这些信息是关于很多方面的，比如对方会不会因为新产品的出现而改变销售模式，在遭遇新产品时对

小故事

20世纪70年代中期，某企业的“皮伯博士”（Dr.Pepper）品牌产品入侵可口可乐公司的市场，可口可乐公司做出的反应是推出一种叫“皮伯先生”（Mr.Pibb）的新品牌，这款新产品无论名字还是特性都和“皮伯博士”很相似，从而有效地遏制了新产品的入侵。后来该企业再想从可口可乐公司的市场分一杯羹，就要注意可口可乐公司可能做出的这种间接反击。

方是否有可能先降价、当竞争威胁到对手时对手会做出怎么样的回击等。

参照过去分辨市场信号

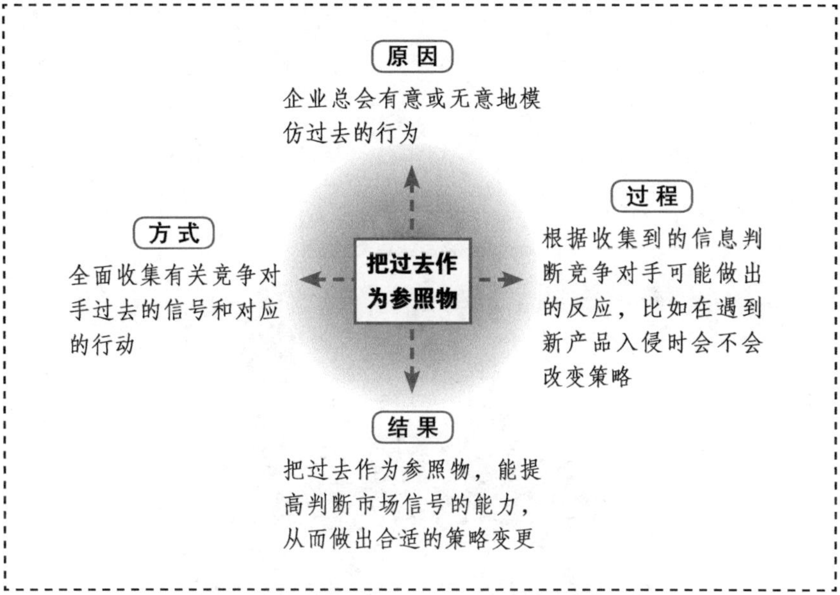

More

关注市场信号的重要性

市场信号对于高级领导来说是不可忽视的一部分，无视市场信号就是无视所有的竞争对手。

如果是领导层负责监测竞争对手的市场信号，则会导致经营管理方面的疏忽，但这种情况是很少见的，况且市场信号中包含很多有价值的信息，靠领导去收集整理这些信号是不现实的。要想和竞争对手进行一次有把握的竞争，必须要充分了解对方，而分析市场信号能直接得到一些通过其他途径无法得到的信息。

第6章

竞争行动

本章教你：

- ▶引起竞争的因素
- ▶三种竞争行动
- ▶承诺的能力和类型
- ▶平衡点的作用和含义

波特在书中提到一个概念叫“寡头垄断”，寡头垄断介于垄断和全产业竞争之间。寡头垄断是指企业双方相互依赖，企业在清楚地知道自己行为的结果而做出的反应。寡头垄断通常会出现三种情况：①当企业相互合作时，双方都能得到合理的利益；②一家企业实施对自己有利的策略而其他企业不对其进行报复时，这家企业能获取更高的利益；③企业对竞争对手的行动进行猛烈反击，双方的状况会比合作时差很多。

引起竞争的因素

产业的基本结构决定着竞争的激烈程度，产业的不稳定性以及产业内的相关条件都可能导致竞争的发生。波特概括的引起竞争的因素包括产业不稳定性和其他相关条件，其中产业不稳定的程度是企业制定策略要考虑的第一个问题。

产业不稳定性

Easy-going

激烈的竞争不会利于任何一方，竞争双方会不同程度地丢失利益。

产业不稳定性的程度决定着引发竞争的概率，如果过于不稳定就容易导致激烈的竞争，一旦竞争过于激烈，进攻和防守双方都处在较危险的地带。导致产业不稳定性的原因主要有下面几点。

（1）产业内企业众多。产业内企业过多，会出现彼此间力量的均衡，在某些方面也会达成一定的共识，形成某些标准，在无形中提高固定成本和其他方面的费用。

（2）产业发展缓慢。企业有付出动力，不断努力，以追求自身利益。

（3）企业目标差异大。不同的企业根据不同的策略在不同的区域进

小故事

比克公司和吉列公司都是剃刀行业中的大户，吉列公司一直致力于宽广剃刀系列的发展，而比克公司后来在战略部署中推出一次性剃刀，与吉列公司拉开距离。在产品上保持平衡，这种目标上的差异直接威胁到吉列公司的销售。进一步加剧了双方在市场上激烈的竞争。

行竞争，目标的差异决定了合作的困难性。

其他相关条件

除了产业不稳定的因素，还有一些产业内的其他条件或多或少地影响着竞争的发生，例如：

（1）缺乏连续性信任。长期建立起的信任能让双方冷静地对待两者之间发生的竞争，反之，缺乏连续性信任将增大引发竞争的概率。

（2）市场分散。多个市场区域互相交错，提高了竞争的可能性。

（3）产业结构。产业结构影响着企业发展，迫使企业采取相应的竞争策略。

引起竞争的因素

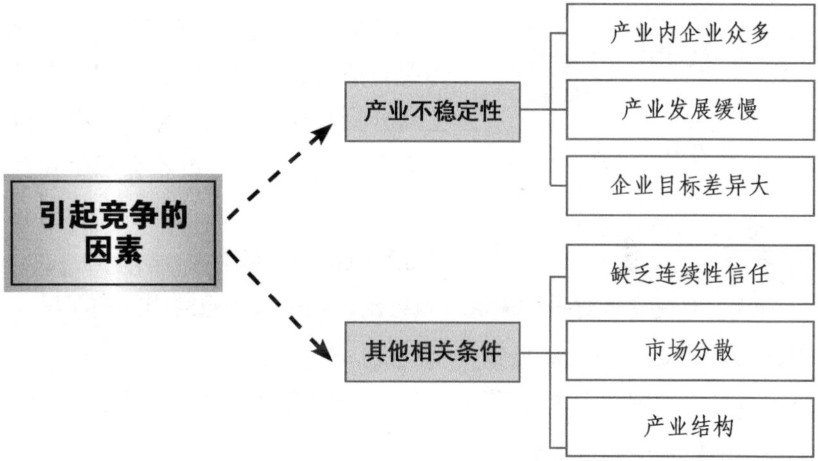

More

产业不稳定性还包括竞争对手对产业的信心以及对产业内企业信息的了解程度。他们掌握的信息影响着他们的行动，而他们传出的信息则影响着别人的行动。

竞争行动

企业采取竞争行动的目的是避免企业在竞争中受到伤害，并且希望能改善企业当前地位。竞争并不是单纯的暴力行为，硬碰硬是最愚蠢的做法，既能发展企业又能避免激烈竞争才是竞争行动的上上策。波特提出三种这样的竞争行动，分别是合作或无威胁行动、威胁行动、防御行动。

合作或无威胁行动

没有战争才能飞速发展。

只有力求避免竞争才能快速地发展自己。要想找到这样适宜的竞争战略，需要企业对竞争对手的目的和假设进行全面分析。合作或无威胁的行动是指企业采取的策略规划，既不会威胁到对方的利益和地位，也能提升自己的利润和企业地位。波特把这种行动分为三类。

（1）即使竞争对手不采取一致行动，也能改善自身当前的状况。这种行动如果是公布之后再做，可能没什么风险。但这种行动有一个缺点，就是可能削弱竞争对手的业绩，也可能削弱企业本身的业绩，比如不适当的广告战和价格调整。

（2）只有大部分企业采取一致行动时才能做到有所改善。只要这种行动在产业内得到广泛采用，就能很好地改善所有企业。比如，客户对某个产业产品的保质期不是很关心，如果产业内企业都把保质期从三年降到两年，则全部企业的开支都会减少。

（3）只有竞争对手不采取一致行动，企业才得以改善。当企业采取的行动让竞争对手认为没有跟随的必要时，企业能从中得到不小的改善。

合作或无威胁行动的类型

即使竞争对手不配合行动，也能改善自身当前的状况

缺点 → 可能削弱竞争对手的业绩，也可能削弱本身的业绩

只有大部分企业采取一致行动时才能做到有所改善

关键步骤 →
- 详细考虑行动对所有企业和重要竞争对手的影响
- 分析行动对竞争对手造成的压力

只有竞争对手不采取行动，企业才能得以改善

行动被认为不具威胁 →
- 行动调整在企业内部进行，竞争对手可能无法察觉
- 竞争对手的假设或其他方面因素决定他们不关心某些行动
- 行动对竞争对手构不成威胁

More

当实施将要改变全体企业的行动时，需要把企业的目的和方向清楚地告诉竞争对手，表明自己的行动对它们不具威胁性，否则别的企业可能会认为该企业的行动具有攻击性。让竞争对手明白企业的目的一般是通过公布下一步行动、在公众面前演讲以及公开讨论等方式来传达信息。

威胁行动

能改善自身地位又能威胁到竞争对手的行动就是波特提出的威胁行动。这种行动是寡头垄断里最完美的一种行动，企业能从中获取最大的利润，但这种行动可能会导致激烈的报复，如果报复过于强烈，则有可能导致企业的状况更糟糕。所以波特认为这项行动的成功与否关键在于预测报复和影响报复。

Easy-going

做出威胁行动前要分析对方可能的报复行为，做出威胁行动的同时要附带一些可以延缓对方报复的行动。

（1）预测报复。预测报复主要涉及以下问题：被报复的概率有多大？报复可能在什么时候到来？报复产生的影响有多大？报复可能产生的效果？能否制止报复行动？

（2）影响报复。在同样的条件下，企业在采取威胁行动时，怎么做才能使对方的报复滞后？

波特认为影响报复滞后的因素有以下几点：

①复杂的矛盾。各方面的牵制使竞争对手不敢轻易做出报复行动，比如对手在某方面快速做出报复行动时可能会导致其他方面受到损害。

②后知后觉。可能是因为竞争对手对企业行动察觉的滞后，也可能是因为企业的行动过于隐蔽。

③报复策略的实施时间。不同的行动类型需要不一样的时间去完成

小故事

美国三大汽车公司发展方向是生产高级汽车并经常改型，但德国的大众汽车公司的策略目标是生产简易的基本运输汽车且极少改型，这种策略让大众取得成功，不仅在美国市场竞争中站稳脚跟，还让三大汽车公司陷入窘境。

策略的实施。

④无法精确目标。缺乏准确的情报，不能精确打击，如一家大企业面对一家小企业的降价时需要对产品全面降价进行报复。

威胁行动

威胁行动

威胁行动是指改善自身地位又能威胁到竞争对手的行动。威胁行动成功的关键在于预测报复和影响报复

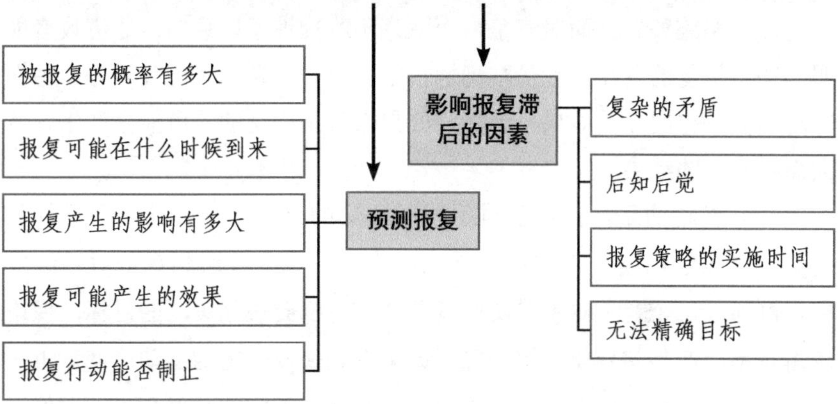

More

追求报复滞后是一种正确的策略行为，可这个过程也有一定的限制，因此考虑报复滞后的同时也要考虑报复强度和报复效果，只有在它们中间找到一种平衡才能真正达到企业的目的。如果计划不够周详，可能会产生一次滞后但强烈的报复，这比一次快速但效果差的报复对企业的影响要大得多。

防御行动

前面两种都是进攻行动，但面对进攻时，防御有时能更好地达到企业期望的目的。防御的最终效果是迫使进攻者放弃进攻。波特在书中提出3种防御方式。

Easy-going

广泛的惩罚有可能引起连锁反应，具有很大的风险。

（1）阻止竞争发生。企业通过一些必要的手段阻止竞争发生，让对手知难而退，这就是我国古代兵法常说的“不战而屈人之兵”。这时候，企业可以发表声明或通过媒介表示决心，让竞争对手认识到会遭到猛烈的报复。

（2）略施惩罚。面对竞争，企业毫不犹豫地予以惩罚，让进攻者能明确知道报复的存在，越是准确地击中竞争对手越能威慑到对方，惩罚行动越能取得明显的效果。当然，如果报复是广泛的，可能会产生耗费大而收效小的结果。

（3）釜底抽薪。在竞争对手发起行动的时候，抽掉其实现目标的基础，且表示出会一直这样做下去的态度，能有效遏制竞争对手的发展。例如，每个竞争对手在实施竞争战略时都会规划策略的目标，像市场占有率、产品差异化、增长等。如果企业采取一定的行动迫使竞争对手的这些目标不复存在或者需要很长的时间才能实现，就有可能促使竞争对手退出竞争。如实施这类行动，可能在短期内需要付出不小的代

小故事

数字手表业的技术研发需要投资不小的资金，相对于其他业务还是一个低利润产业。吉列公司准备进军数字手表业，且在试验市场上取得不小的市场占有率，可是在得州仪器公司在价格和技术的压制下，吉列公司不得不放弃进入该产业。

价，如在价格战、新产品等方面的竞争，可是一旦成功，这些付出还是值得的。

防御行动的三种方式

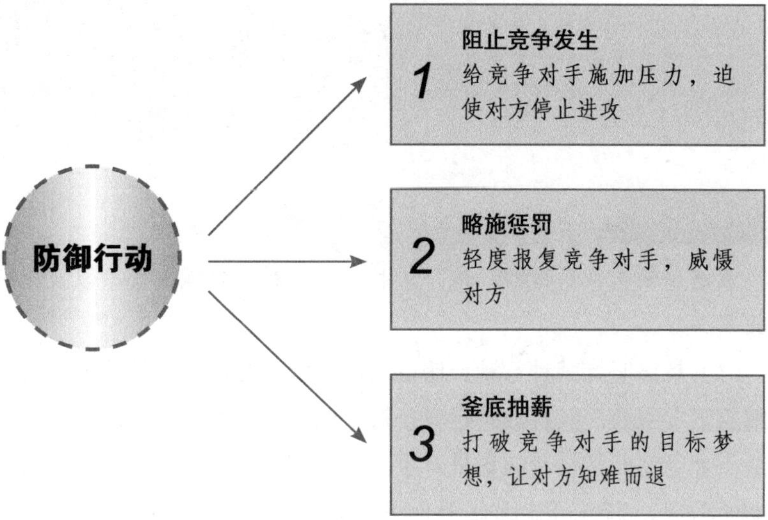

More

釜底抽薪的时机和其他方式

波特认为，在进行釜底抽薪时，只有把握一定的时机，才能更轻松有效地达到目的。

进行釜底抽薪时，特别是在面对新产品冲击的竞争情况下，在试验阶段就通过对其进行攻击来表达企业对新产品的抵制心理，比在新产品推出后再进行攻击要少花费很多。

波特还在书中讲解了釜底抽薪的另外一种方式，即想尽办法使市场饱和，清除新产品的市场空间或者促使新产品进入市场的成本增加。

承诺

承诺是进攻或防御行动中重要的一部分，承诺是传达企业下一步动作的方式，是企业表明态度的一种手段。承诺能安抚竞争对手，也能威胁到竞争对手，迫使竞争对手停止那些危险行为。波特在书中讲了三种主要类型，分别是承诺坚持某种行动、“以牙还牙”的承诺、承诺不会做出某种行动。

承诺类型

承诺是警告，是宣战，也是求和，这三种主要承诺类型以及详细内容如下。

（1）承诺坚持某种行动。明确表明企业有在某方面的能力以及策略实施的坚定决心，能有效制止竞争对手的行动。如果竞争对手发现遇到的是一个坚韧而又执着的竞争对手，则他们认为自己的行动将无法达到预期的效果，则有可能因此停止进攻。企业的态度越强硬，就越能吓退竞争对手。

（2）“以牙还牙”的承诺。承诺如果竞争对手采取某项行动，企业将进行报复。当竞争对手确信这种承诺可能兑现时，会考虑到自身的利益而放弃采取行动，承诺的报复越强烈越能威慑到对手。

小故事

Baxter Travenol Laboratories公司具有很强的市场能力。McGaw公司将在其市场推行一种新静脉溶液容器，虽然这种产品还没得到药管局批准，Baxter已经开始采取措施去反击McGaw，承诺将对多种产品进行降价，矛头直指McGaw的利益。

（3）承诺不会做出某种行动。与竞争对手建立信任，降低竞争战的等级，让双方都能从中获利。比如在价格战中，企业不再继续降价而是涨价，这就有可能终止这场价格战，让竞争双方的价格处在一条线上，彼此都能获取一定的利润。

承诺的作用

承诺的主要作用是威慑对手，如果威慑失败，可能给企业带来一场灾难，企业不仅要在失败后对过往的承诺做出一定的补偿措施，还可能因此导致企业名誉受损。

承诺的类型以及作用

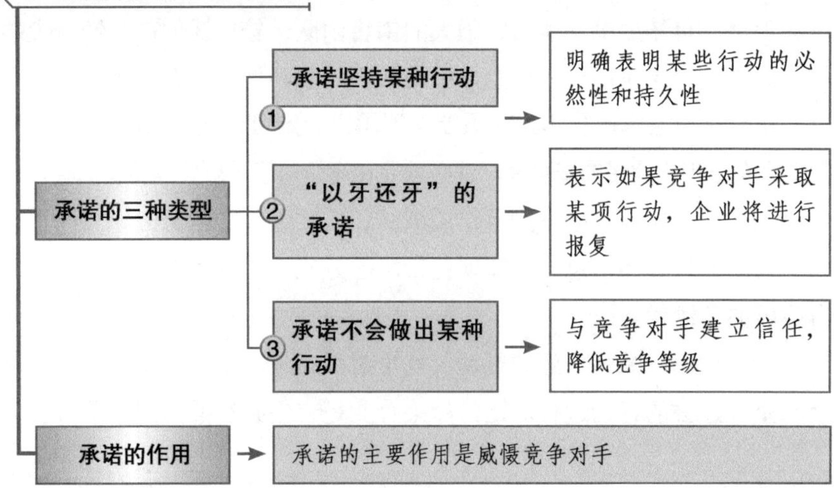

More

承诺是要把握时机的，只有承诺的时间适当，才能给对手带去威胁。当大部分竞争者在寻找稳定发展时，承诺是很有效的；当企业和竞争对手正在进行生死拼搏时，根本无法达到利益的统一，承诺只会加剧竞争。

兑现承诺的能力

承诺有很多种方式，不同的承诺有不同的功能，收到的效果也会不同。波特认为可靠的承诺需要以下条件支持：拥有执行承诺的基础条件；明确承诺的目的且曾经兑现过承诺；在某些因素的影响下不能退出；承诺之后发现某种对企业有利的条件。

仅仅拥有强大的资本是远远不够的，关键要让竞争对手知道它们的存在，必须针对竞争对手做出某些指示行为。

要想达到承诺的效果，需要有强大的资本做后盾，一个看起来不可战胜的企业的承诺能真正影响到竞争对手的行动。强大的资本包括：可移动现金、可拓展生产能力、强大的销售团队、较广泛的产品链、尖端的科研机构，还包括一些可能推出的新产品及其他一些有利条件。

仅仅拥有强大的资本，并不能保证承诺一定可以发挥出应有的作用，想要完全呈现出承诺的威胁性，就必须要让竞争对手了解这些资本的存在。

为了让竞争对手感受到承诺的威胁还需要进行一些努力。

（1）通过公布信息、透露现行策略等方式，让竞争对手确定企业拥有明显的资源优势。

（2）做出一系列一致的行动。竞争对手在考虑企业的承诺时，一定会与企业过去的行为进行对比，如果企业是言出必行的，则竞争对手会

小故事

企业A在挖掘机产业有着较高的市场占有率，在20世纪70年代，当一个竞争者携新产品侵入市场时，企业A就开始投巨资进行产品研发，同时采取严厉的降价措施。最近，企业B想用低价格策略打进挖掘机市场，企业A立即对外宣布将对相应产品进行降价，因为企业A以前实现承诺的行动，迫使企业B止步于挖掘机产业。

深刻明白承诺的真正威胁。

（3）采取一定的行动。企业可以根据自身的承诺做出一些相应的行动，以表达自己执行承诺的决心，从而提高承诺的说服力。

承诺的能力

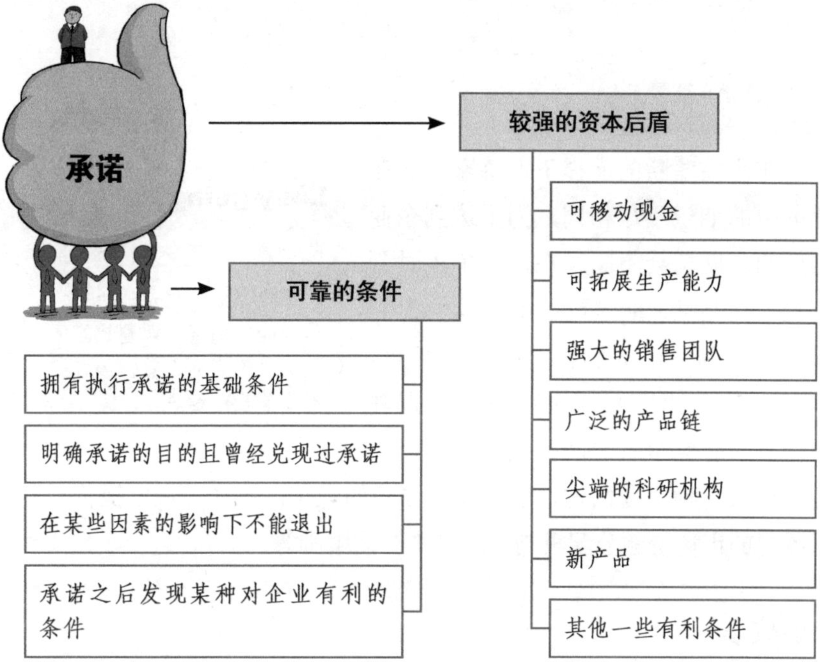

More

对任何承诺都要保持警惕，有些竞争对手在产业发展中的态度是非常谨慎的，当他们在市场上做出某种让步时，并不表示他们会因此而退出竞争，跟随其后的有可能是更猛烈的竞争。大量数据显示，通用电气公司在经济周期性下降时，在涡轮发电机市场上让出一些份额，为的是在经济好转时再恢复市场占有率。

平衡点

波特所说的平衡点是指竞争停止的最佳条件。在平衡点上，竞争双方都能获取一定的期望利益。平衡点能有效遏制竞争向恶性发展，保持产业的稳定。

平衡点的用途

在寡头垄断的前提下，每家企业在竞争中的期望不尽相同，为了达到企业的目的，欺骗会不断存在，竞争也时刻发生。托马斯·斯盖灵在博弈论中提到解决这种问题的关键在于找出平衡点。平衡点就是让所有的企业在平衡点驻留，在所有竞争者之间找到一种利益平衡，形成一种平衡结构，以避免更惨烈的竞争。比如，规定提价准则、区域内的市场份额分配机制、产品生产量限制等。

Easy-going

平衡点的作用是让所有竞争企业的策略调整最终停到这个点的面前，形成一个止步的标志。

小故事

某市的水果市场，因为有着统一的规划，水果商店相对集中。每到水果销售旺季来临的时候，各家水果店为了争取更多的顾客，就纷纷采取降价竞争战略，一时间整个市水果行业的利润被压制到很低的点上。为了制止恶性循环，监管局推出一套各种水果价格的标准，各家水果店便陆续向这个标准靠拢，水果市场经过几年的混乱后终于恢复正常。

平衡点的含义

对竞争行动来说，波特认为平衡点概念有三重含义：第一，尽快找到平衡点。越早找到满意的平衡点，能越早降低竞争中各企业的损失。第二，平衡点容易实现。如果能让产品的价格、标准、市场份额等具体量化，就能轻易达到平衡点。第三，促进平衡点出现。企业应该用不同的方式促使平衡点出现，这就要求企业使用产业内统一的标准，且平衡点对于竞争双方来说都能取得一定的利益。比如在价格方面，不是单一地讲产品的价位，而是标出每单位的价格。

平衡点

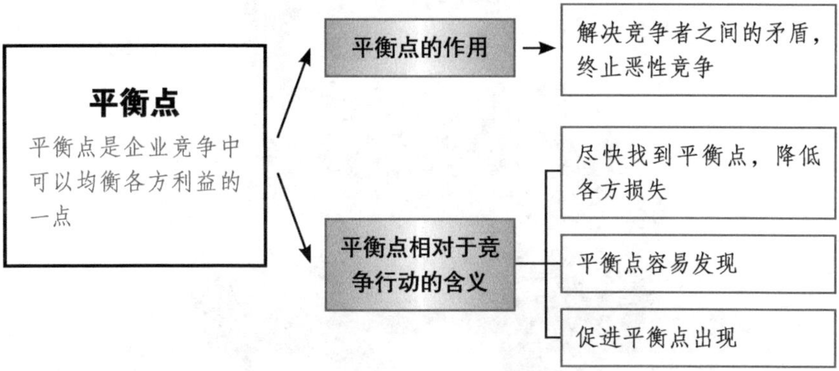

More

信息的重要性

信息对攻守双方都是非常重要的。有时候选择性地泄露一些信息，有利于企业的策略实施；有时候如果重要的信息被竞争对手捕获，则有可能引来竞争对手较大力度的进攻。

随着商业刊物和公开文件的不断增加，企业的情况越来越能被外界清晰了解。对信息和秘密进行探究不仅能很好地帮助企业制定竞争战略，还能在关键时刻协助有关人员在产业内找出平衡点。

第7章 选择客户和购买策略

本章教你：

- 选择客户的四大标准
- 客户的潜在增长能力
- 客户现有的价格谈判实力
- 客户对价格的敏感度
- 选择客户的策略
- 购买策略

波特认为，企业通常是利用比较狭隘的政策对待客户和供应商的，往往把客户和供应商归类到简单的营销环节中进行考虑。其实，如果企业能扩大对客户和供应商的关注范围，就极有可能从中发现对企业有利的条件，从而改善企业在竞争中的地位，提高其对客户及供应商压力的承受韧性。比如在客户选择上，企业的客户不可能都属于同一类，不同类的客户在各个方面都存在着差异，企业要想从中选择最适宜的客户就要综合全方位的信息进行分析。

选择客户的四大标准

由于各种原因，客户的购买需要存在着差别，影响客户购买能力的因素也不尽相同。所以选择适合企业的客户也需要一定的技巧。波特在本节主要讲述选择客户的四大标准——相对于企业能力的购买需求、服务成本、客户的潜在增长能力、固有的议价实力及意向。

选择客户的四大标准

（1）相对于企业能力的购买需求。客户的需求决定着客户的购买方向，如果企业能满足客户的不同购买需求，则在其他竞争条件不变的情况下，企业便可增强竞争能力。

Easy-going

客户不一定会利用议价的实力，特别是当他们对价格不敏感的时候。

（2）服务成本。在其他方面都令企业非常满意的客户有可能在服务上会有较高的要求，面对高服务成本时，企业不得不选择放弃这些“好客户”。

（3）客户的潜在增长能力。客户的增长能力直接影响到企业的策略制定，客户的潜在增长能力越强，他们对企业产品需求的增长就越稳定。

（4）固有的议价实力及意向。在供应来源一定的情况下，客户的价

小故事

企业 A 和企业 B 都是从事电脑销售的，不同的是企业 B 只是单一地卖电脑，而企业 A 不仅卖成套的电脑，还出售不同品牌的显卡、主板、内存等电脑零件。企业 A 能满足更多的客户需求，企业 A 明显比企业 B 拥有更强的竞争能力。

格谈判实力可能成为企业的压力。客户的议价实力是需要警惕的，即使目前客户没有利用这项能力，但在产业的演变过程中还是有可能产生某些因素导致客户启用本身的议价能力。

这四种广义的标准不会发生一致的改变，没价格谈判实力且对价格不敏感的客户可能会因为要求的服务成本较高而不能成为企业的理想客户。要想从广泛客户群中选择好的客户，首先要以公司的目标为基础，然后再用这四种标准去平衡。

从策略出发分析选择客户的标准

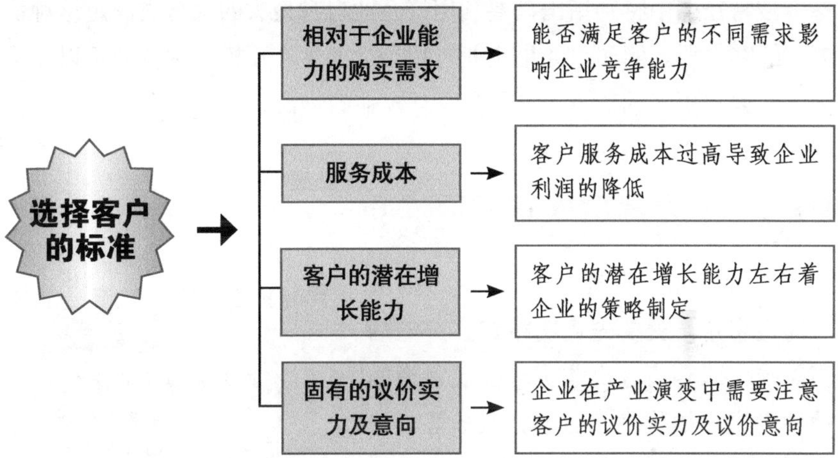

More

企业在满足客户的特定需求时获得较高的产品差异化，其中用在服务上的成本相对于其他企业也应该是最低的。

分析客户在做出购买决定时考虑的所有因素，对照客户的购买记录，准确判断出客户的购买需求。

四大标准解析之一：相对于企业能力的购买需求

波特指出企业必须依据自己的实力去满足特定客户的需求。只有企业能力与客户的特许需求相匹配才能获得更高的产品差异化。

依据企业优势满足客户的方法

波特在书中特别指出，要利用好企业自身最大的优势去满足这种优势下的客户群。例如，如果企业有相当大的生产规模，则企业可以在价格上给客户更多的优惠；如果企业有较强的物流系统，则企业可以选择给客户更高质量的物流服务。

依据企业优势满足客户的前提

波特指出，要想做出适当的举动去满足客户，就要先查明特定客户的购买需求，即弄清客户购买时所要考虑的种种因素，如价格、运输、服务等，然后再根据这些信息分清楚哪些是企业的“好客户”。

利用企业特殊的优势，在产品或服务方面形成差异化，培养特定客户的忠诚度。

小故事

A 市位于北半球，每当秋季来临时，气候就会变得非常干燥，人们的皮肤就容易干裂。A 市土生土长的企业 S 是一家生产护肤产品的企业，多年来，企业 S 并没有向外发展，而是专做 A 市的生意。企业 S 生产的 XX 牌保湿霜就是针对 A 市气候专门研发的。

四大标准解析之二：服务成本

企业的产品链范围大小不一，处在产品链上的产品的服务必定不会相同。但波特还指出，就算是同一产品，在面对不同客户时的服务成本也存在着很大的差别。

客户服务成本

波特指出，有些客户服务成本是很难被发现的，比如被管理成本分摊掉的那部分成本。所以波特接着提出，要想弄清楚不同客户的服务成本，就必须分配专门人员去研究，而不是单纯地从经营报表中寻找信息。

影响客户服务成本大小的原因

波特在书中列出七种导致同一产品面对不同客户时服务成本不同的原因，分别是订货量、直接销售与经分销商销售、要求的到货期限、计划与物流管理的稳定性、运输成本、销售成本、定制与修改的必要。

影响客户服务成本大小的因素

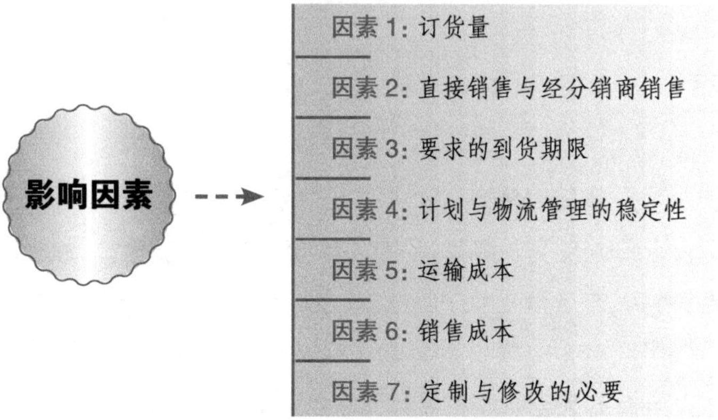

四大标准解析之三：客户的潜在增长能力

客户的潜在增长能力决定着企业的发展方向，同时也影响着企业的发展速度。准确判断客户的潜在增长能力有助于企业在竞争中及时有效地调整竞争策略。波特指出，要想明确客户的潜在增长能力，需要分析影响客户潜在增长能力的因素。

影响客户潜在增长能力的因素

波特在书中提到三个影响客户潜在增长能力的直接因素。

Easy-going

评估某些细分市场的潜在增长能力可以用评估产业增长潜力的方法。

（1）客户所在产业的增长速度。很多因素决定着客户所在产业的增长速度，如产业客户群的扩大、产业的扩张等。

（2）客户所在产业的主要细分市场的增长速度。客户所在产业分散着很多细分市场，其中某些细分市场的增长速度比其他的要快，能影响到客户潜在增长能力的是那些主要的细分市场以及有潜力的细分市场。

小故事

企业甲是苹果销售商，企业乙是企业甲的重要客户。甲想增大苹果销售，便派业务员到乙所在的市场做详细的调查，最后发现乙的主要销售城市A有巨大的增长潜力，其他市场并无明显的潜力。甲最后按照城市A的增长空间拟订苹果销售增加的百分比，之后再加上销售方面的努力，甲的整体销售额实现了预期的提升。

（3）客户所在产业及主要细分市场的占有率的变化。客户现有的市场份额可能会随着竞争的变化而改变，评价这方面时需要对竞争对手以及产业结构进行详细地分析判断。

家庭用户购买者的增长潜力也有类似决定因素，分别是人口统计因素和购买数量。

人口统计因素决定将来细分市场的走向，像用人口统计分析该细分市场人口的未来收入、受教育程度、年龄、婚姻状况等，而购买数量直接影响到企业的发展方向。

影响客户潜在增长能力的因素

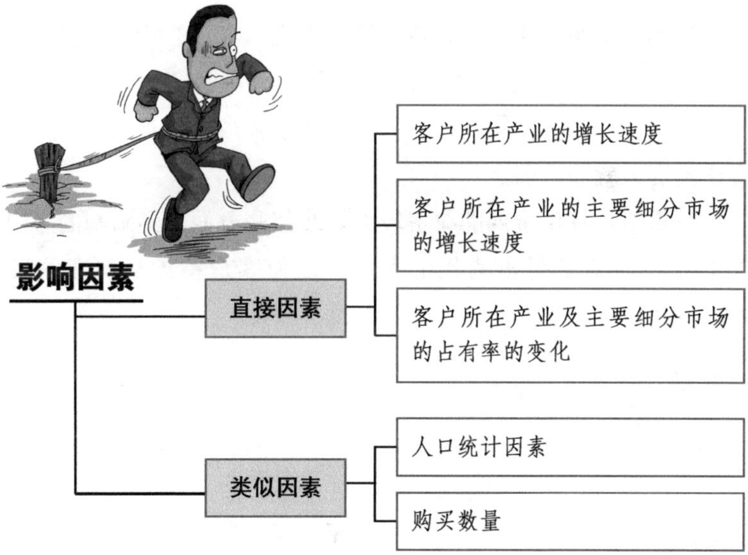

四大标准解析之四：客户固有的议价实力及意向

波特指出，影响特定客户或客户群的价格谈判实力的因素与第 2 篇讲到的影响产业客户群的因素相似，当然还有一些不同的地方。而这其中的不同可以从一些价议价实力较弱的理想客户群中判断出。

理想客户

波特认为理想客户就是相对没有价格谈判实力的客户，通常具备以下几个特征。

（1）购买量小。相对于企业的销量来说，客户的购买量只占很少一部分时，客户是无法争取到降低价格、增加服务等方面的优惠的。

（2）别无选择。当客户需要的产品从别处很难购买的时候，客户的价格谈判实力就非常弱。

（3）重新选择供货商的花费较大。在某些方面受到限制的客户在选择新的卖主时需要付出的代价太大，迫使客户持续从现在的卖主处进货。

小故事

企业甲从事机械零件生产，企业乙从事机器生产。企业乙所需的零件从不同企业购进，其中一款零件除了企业甲其他企业都无法找到对应的模型。因此，企业乙的这款零件只能从企业甲购买。企业乙在购买其他零件时都能凭借着自己的市场优势对供应商进行压价，唯独无法对企业甲构成压力。

（4）缺乏后向一体化的威慑力量。无法实现后向一体化的客户在进行价格谈判时就没有充足的底气。

（5）转换卖主时固定成本较高。某些产业由于特殊的原因，客户转换卖主时要面临较高的转换成本。

理想客户

理想客户

理想客户就是指那些没有价格谈判实力的客户

特征

1. **购买量小**
   客户购买量只占卖方的一小部分，无法对卖方构成威胁，价格谈判实力就较弱
2. **别无选择**
   由于产品的差异化，客户无法从别处购买所需的产品，价格谈判实力随之变弱
3. **重新选择供货商的花费较大**
   没必要为了价格或服务上的一点利益而花费更多的资金
4. **缺乏后向一体化的威慑力量**
   缺乏后向一体化在价格谈判实力上就大为逊色
5. **转换卖主时固定成本较高**
   受特殊方面的限制，客户转换卖主时要付出较高的转换成本费用

More

转换成本主要包括以下几种：为适应新的供应商而进行产品修改；重新培训雇员；新产品附带的新辅助设备；新的物流系统；与先前供应商断绝关系的心理障碍。

客户的价格敏感度

通过对价格不敏感的客户的分析可以知道哪些因素影响着客户的价格敏感度。波特认为对价格不敏感的客户一般有以下几类。

（1）产品报废的损失大于产品成本。如果报废的或者不能达到预期效果的产品会给客户带来更大的损失，则客户对价格的敏感度就较低。这类客户更关心的是质量，高质量的产品就算价格高点，对他们来说依然是划算的。

（2）产品或服务的特性能帮助客户节约费用。如果良好的产品质量和服务能帮助客户节约时间和资金，客户的价格敏感度则较低。

（3）购买者的动机不只考虑投入的成本。他们有时更注重产品的质量或实用性或寿命，从而导致对价格的相对忽略。

（4）产品非常适合客户的现行策略。产品是客户现行策略中的关键因素，客户对价格就不太敏感，比如推行品牌策略的客户需求高质量的产品。

（5）客户需求差异化产品。如果客户需求经过特殊设计的产品，那么在这种期望下，客户往往愿意付出更高的价格。

（6）客户的利润高。当客户利润较高时，除非所购产品是其主要的财务开支，否则不会太在意价格。

（7）客户对产品的了解不多。如果客户清楚了解产品的成本、质量以及鉴定产品的标准，则客户就有足够的理由在产品价格上压倒供应商；反之，则对价格不会有太多的要求。

（8）产品只是客户需求中的一小部分。如果产品对于客户来说只是

小故事

Letraset 是一家快速裱画公司。对于建筑师和商业艺术家来说，他们的时间价值要比裱画成本高，他们关心的是随时能够提供不同风格的裱画能力，而不太关注裱画的价格。Letraset 的客户大部分都是这些人，所以 Letraset 能获取丰厚的利润。

很小的一笔开支，客户的价格谈判欲望就显得特别弱。

对价格不敏感的客户

❶ 产品报废的损失大于产品成本	❷ 产品或服务的特性能帮助客户节约费用	❸ 购买者的动机不只考虑投入的成本
❹ 产品非常适合客户的现行策略	对价格不敏感的客户	❺ 客户需求差异化产品
❻ 客户的利润高	❼ 客户对产品的了解不多	❽ 产品只是客户需求中的一小部分

More

大客户的价格敏感度

通过以上的因素还可以总结出，大企业一般对价格不是很敏感，而大客户也不一定对价格敏感。客户的敏感度只有结合不同的因素全面分析，才能得出正确的结论。比如，建筑机械的大客户往往因为设备使用率较高，而喜欢从一家供应商处购买设备，且不太在乎价格。因为同一家供应商能给他们提供完整的零件供应和全面的服务。

选择客户的策略

波特指出，虽然四大标准是选择客户时的关键性标杆，但不是每家企业都可以随便选择客户，况且四大标准在有些产业是无法看出明显差别的。波特指出，选择满意客户时不仅要考虑四大标准，还要结合竞争对手的实力，在两者之间进行平衡。

选择客户

波特在书中提出4种方法帮助企业选择客户，里面不仅包括筛选客户，还包括企业通过自身努力创造出理想客户。

Easy-going

想要在不改变价格和服务的同时又让产品得到肯定，就必须让客户清楚认识到产品的价值。

（1）让客户重新认识产品。在不改变价格和服务的前提下，让客户详细了解产品的价值和功能，认识到产品的成本或价值并非是最初的购买价格，还包含附加因素，如燃料成本、一些附加成本、维修成本等。

（2）给客户提供更多便利。通过给客户更广泛的选择，让顾客信任企业，依赖企业的产品，如增加快速高效的服务、提供工程协助、扩大产品功能范围。

小故事

企业A是销售建筑机械的，随着产业内企业日益增多，竞争也随之激烈。企业A为了抓住自己的客户群，开始增进售后服务，比如定期上门检查维修、建立庞大的服务系统、对贵重大型机器派专门工程师监管等。企业A通过服务的优势在竞争中稳占上风。

（3）放弃高成本客户。由于边缘客户增加的速度很快，企业可以选择从基础客户中排除服务成本过高的客户。排除高成本客户能有效提高投资回报率，当然，理想的客户不只是表现在服务成本上。

（4）适应客户素质变化。随着产业的演变，客户素质在多种因素的综合影响下可能发生变化。企业如果能及早从客户素质变化中识别出理想客户群，就是企业的一个机会。

选择客户的策略

策略

1 让客户重新认识产品

让客户从燃料成本、某些附加成本 、维修成本、再售价值、创收能力了解产品的价值

2 给客户提供更多便利

通过增加快速高效的服务、提供工程协助、扩大产品功能范围、准时交货等向客户提供产品的附带价值

3 放弃高成本客户

高成本客户虽然可以对企业增长有一定帮助，但是成本过高时就已经不再是理想客户

4 适应客户素质变化

有的客户可能随着产业的成熟而成为内行的客户，这时候他们就不再适合做企业的理想客户

More

选择客户的目的是销售产品

选择客户的策略原则是找到适宜的客户并向他们销售产品。当企业实施不同策略行动时，需要挑选不同的客户群。比如企业走的是低成本路线，这时候无论客户的价格谈判实力多么强大，对价格多么敏感，因为价格的优势，企业依然可以对客户销售出产品，并且取得高于产业平均水平的利润。

购买策略

购买策略就是通过寻找一些有效的方法去减弱供应商的实力，增强企业的价格谈判能力，降低购买的长期成本，从而达到提高企业利润的目的。波特在这部分将讲述购买策略的核心内容以及几种常用的购买策略。

购买策略的核心

波特指出，运用产业结构分析，可以得出关于购买策略的核心内容。

（1）供应商的稳定性和竞争力。稳定且强有力的供应商能持续给企业提供优秀的产品。

（2）恰当的纵向一体化。纵向一体化能提高企业价格谈判能力。

（3）所选供应商之间的购买分配。根据供应商实力分配购买份额。

（4）在某些方面遏制合格的供应商。通过结构分析，运用一些手段提高企业价格谈判能力。

常用购买策略类型

在一般情况下，常用的购买策略有以下几种：①分散购买。一种产品的购买分散到多个供应商来完成，但同时要保证每个供应商的份额足以吸引该供应商。②避免转移成本。如果形成转移成本就会让企业对供应商产生依赖，从而降低企业的价格谈判能力。③促进新货源进入产业。发现新供应商且鼓励新供应商进入产业，会对原有供应商造成一定的压力。④推行标准化。实施产品标准化，抵制产品差异化的形成，降低供应商的价格谈判能力。⑤后向一体化的威胁。不必形成

Easy-going

有些购买策略可能使企业在短期内花费更多，但可取得的长期购买成本的降低最终让企业获取更大的利润。

后向一体化，但必须表现出这方面的威胁。⑥采用适当的一体化。在企业能力范围内实现某些产品的一体化或部分一体化，提高企业的价格谈判能力。

购买策略

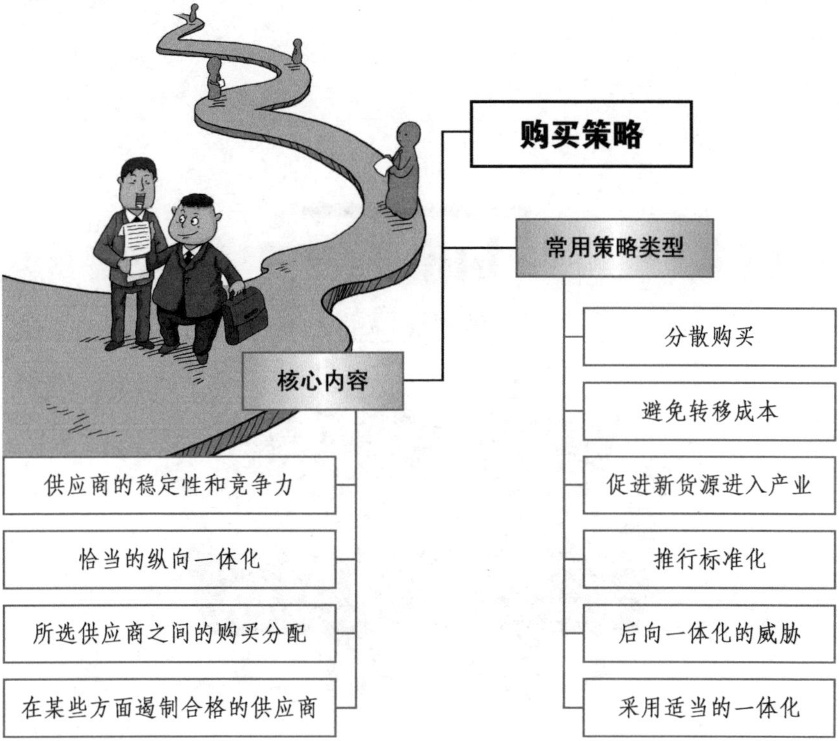

More

在制定购买策略时，不要被眼前的假象所迷惑，不能单纯地追求短期内的成本降低，而是要从长远出发，运行有潜力的购买策略。无论遇到怎样的附加成本，都要用长远利益去衡量后，再决定是否执行。

第8章

从策略集团分析企业地位

前面讲到的有关分析方面的内容都是从整体产业上进行分析的结果，结构分析不仅能作用于产业整体，还能深入到产业内部。五种竞争作用力给产业内所有公司营造出一个平等的环境，在这种均衡的环境下，企业取得的利润也有高低之分，这是因为不同的企业在不同的方面拥有不同的能力，这些能力影响着最终的经营表现。这些能力是如何影响着企业利益的，必须从产业内部进行分析。

本章教你：

- ▶ 分析竞争对手的竞争战略走向
- ▶ 分析策略集团以及与策略集团相关的移动壁垒
- ▶ 了解策略集团的价格谈判实力
- ▶ 明晰是什么因素影响着策略集团之间的竞争
- ▶ 了解影响策略集团的企业利润率的因素
- ▶ 策略集团内企业如何改变当前地位

竞争战略的动向

产业内企业的竞争战略是多种多样的。可是无论什么样的竞争方式，在特定的产业内，企业的策略选择一定是在自己的优势或在竞争对手的劣势基础上进行的，了解清楚彼此的强弱项就能判断出对方的策略选择。

竞争战略动向的表现

弄清企业的发展方向，就能轻易推断出企业将要进行的竞争战略。波特认为企业的发展方向主要从下面几个策略方面表现出来：产品专业化、品牌知名度、推动与拉动、采用的渠道、产品质量、技术优势、纵向一体化、产品成本、服务、价格状况、企业内部平衡、与母公司的关系、与政府的关系。

Easy-going

比如在铵肥产品业内，品牌信誉和产品质量都无法成为优势，该产业内的企业只能通过服务或后向一体化等方面与其他企业拉开距离。

通过对企业进行上述这些策略方面的分析，能得出企业所处的环境以及企业的大体发展方向。有的产业在某些方面是无法形成差异的，所

小故事

得州仪器是全球领先的数字信号处理与模拟技术半导体供应商。该公司在半导体行业拥有最低总成本优势，可能在产品质量上不能保证都是优等，但一定在良好以上。由于成本低且质量可靠，该公司在价格上取得一定的优势，它的半导体的销售价格在市场上相对较低，从而获得更大的竞争优势和利润。

以这个产业的企业的策略差异必然取决于除这些方面之外的因素。

竞争战略动向的表现方面

1. 产品专业化
2. 品牌知名度
3. 推动与拉动
4. 采用的渠道
5. 产品质量
6. 技术优势
7. 纵向一体化
8. 产品成本
9. 服务
10. 价格状况
11. 企业内部平衡
12. 与母公司的关系
13. 与政府的关系

More

竞争战略动向分析需要结合多方面因素

决定策略方向的诸方面不能孤立存在，不同方面的综合体现才能正确确定一家企业的发展动向。对于一家特定企业来说，内部一致的表现集合，就是企业发展动向的主要体现方面。既然是特定的企业，当然也有例外，在产业内也存在虽然具有内部一致的表现却运行着不同的策略的企业。

策略集团

每个产业都是由一个以上的策略集团组成的。策略集团不仅在广义的策略上相似，在其他方面也很相近，比如它们有着相似的目的，面对竞争时有着相似的反应。

策略集团的定义

波特给策略集团下的定义是“指在同一产业采取相同或相似策略的企业组成的集团”，一个产业可能由多个策略集团构成，也可能只有一个策略集团，也可能一家企业就是一个策略集团。

策略集团的划分

通常情况下，一个产业会存在几个不同的策略集团。波特认为影响策略集团的划分一般有以下几种因素。

Easy-going

策略集团划分的关键因素是同一产业内企业策略的相似度。

（1）策略的根本性质。策略性质上的差别决定策略集团的不同，比如一个策略集团可能采取广告策略，另一个策略集团可能采取的是低成本策略。

（2）与母公司的关系。与母公司的关系也能导致企业策略方面的差异。

（3）产品类型以及营销方式。有可能产品完全相同，但在生产、物流等方面互不相同。

（4）其他因素。诸如企业的最初优势和劣势、加入产业的时间以及经历的不同，均能影响到策略集团的划分。

策略集团

策略集团

策略集团是指在同一产业内采取相同或相似策略的企业组成的集团

↓

影响策略集团划分的因素

策略的根本性质
策略根本性质上的差别决定了策略集团的不同

产品类型以及营销方式
有可能产品完全相同，但在生产、物流等方面互不相同

与母公司的关系
与母公司的关系不同程度上影响企业的策略，从而引起企业在策略集团归属上的差异

其他因素
诸如企业的最初优势和劣势、加入产业的时间以及经历的不同，均能影响到策略集团的划分

More

产业只有一个策略集团

当产业只存在一个策略集团时，产业内部结构分析就和产业结构分析的方式是相同的。在这种情况下，产业结构给产业内每家企业的机会是同样的，企业的盈利情况取决于企业执行策略的能力。

策略集团与移动壁垒

波特把企业从一个策略集团转移到另一个策略集团所遇到的障碍称为移动壁垒。移动壁垒的高低影响着策略集团的效益，企业要想进入某个集团就必须攻克移动壁垒。

移动壁垒的作用

移动壁垒不仅包括影响进入壁垒的各种基础经济因素，还受到企业与母公司关系的影响。不同策略集团拥有不同的移动壁垒，这些移动壁垒就是企业所拥有的绝对优势。移动壁垒的存在，能有效阻止企业的成功策略被别的企业模仿。

Easy-going

移动壁垒的存在，决定着某一集团内的企业在市场上拥有稳定的市场优势。

小故事

IBM 在计算机制造行业采用的策略是低成本、高质量服务以及广泛的销售渠道。因为有移动壁垒的存在，IBM 利用自身的优势阻止了 Control Data 等计算机制造公司进行策略模仿，从而奠定了 IBM 在计算机制造行业的优势基础，这种优势主要表现在规模经济和低成本上。

移动壁垒的变化

移动壁垒也可能发生变化。当移动壁垒发生变化时，企业就可能放弃原先的集团转入新的集团，从而在根本上改变集团的结构。企业也可能利用自身的优势影响到移动壁垒，比如企业可以通过进行大规模生产增强移动壁垒。

移动壁垒的攻克

不同企业在克服移动壁垒时付出的代价不同，其中的差别取决于企业之间的技术和资源；多元化的企业在克服移动壁垒时遇到的困难较小，因为它可以在多方面进行努力。

移动壁垒

移动壁垒指企业从一个策略集团转移到另一个策略集团所遇到的障碍

- **移动壁垒的作用**
  - 不仅能抵抗产业外的入侵，还能抵抗产业内集团外的企业入侵
  - 阻止企业从一个策略集团移动到另一个策略集团
  - 帮助一些企业长期掌握优势
- **移动壁垒的变化**
  - 移动壁垒的变化可能引起集团结构的变化
- **移动壁垒的攻克**
  - 技术和资源有差异的企业在克服移动壁垒时付出的代价不同，多元化的企业在克服移动壁垒时遇到的困难要小

More

影响产业内集团策略的形成和变化的因素

波特在书中列出四种因素。

（1）以不同技术资源建立起移动壁垒的企业选择了不同的策略。

（2）企业目标的差异决定着策略和移动壁垒的不同。

（3）产业演进形成的不可改变的因素。

（4）产业结构的变化引起集团策略的变化。

策略集团和价格谈判实力

因为移动壁垒的存在，不同策略集团面对客户和供应商时的价格谈判实力有着很大的差别。这种差别是什么？是什么因素影响着策略集团的价格谈判实力？波特在本部分将详细介绍。

策略集团面对客户的价格谈判实力

不同策略集团面对客户的价格谈判实力取决于策略集团的策略优势。例如，拥有产品差异化的策略集团凭着产品或服务上的独一无二让客户别无选择，因而客户就可能不太在乎价格，策略集团的价格谈判实力也就随之增强。

小故事

惠普属于电子计算器产业内的一个策略集团，该集团策略的核心是高质量、高技术、高服务服务于专业用户。在这种策略下，惠普可能无法拥有较高的市场占有率，可它却争取到那些对价格不敏感的用户，惠普集团实施的策略就是产品差异化策略。

策略集团面对供应商的价格谈判实力

不同策略集团面对供应商的价格谈判实力存在着差异。像西尔斯这样大型的公司与某地方当地的小门市相比，其价格谈判实力显而易见。

Easy-going

影响策略集团供应商的价格谈判实力的因素，可以参考前面讲过的影响产业供应商的价格谈判实力的因素。在一定程度上，供应商的价格谈判实力受到一定的因素限制。

影响策略集团对客户和供应商价格谈判实力的因素

波特认为，影响策略集团对客户和供应商价格谈判实力的因素主要有两个方面：①集团策略的形成对一般供应商或客户的不同脆弱程度；②集团策略要求企业用不同的价格谈判实力和不同的客户或供应商商谈。

影响策略集团价格谈判实力的因素

影响策略集团价格谈判实力的两个因素

- **因素1** 集团策略的形成对一般供应商或客户的不同脆弱程度
- **因素2** 集团策略要求企业用不同的价格谈判实力和不同的客户或供应商商谈

More

集团内分析企业的步骤

波特把策略集团分析企业分为四步：第一步是确定竞争对手的策略特征；第二步是估算每个集团移动壁垒的高低；第三步是估计每个集团对买卖双方的相对价格谈判实力；第四步是估计每个集团对替代品的相对地位。

策略集团目标重点的不同，导致该集团面对替代品竞争时的压力也不相同。因此，尽管是处在同一个产业内的策略集团，在面对替代品冲击时所受到的伤害也会有浅有深。

策略集团之间的竞争

当产业内出现多个策略集团时，就会发生集团竞争，多集团竞争往往比较激烈，其激烈程度受到多方面因素的影响。

产业策略集团之间发生竞争的原因

不同策略集团在承担风险、追求利益等方面存在很大的差别，这些差别使他们在面对竞争时做出的应对策略不尽相同，在复杂的策略变化中就经常容易爆发竞争，且策略集团分布复杂的产业比由少数集团构成的产业的竞争要激烈。

影响策略集团竞争激烈程度的因素

波特认为有 4 种因素影响着策略集团的竞争激烈程度。

（1）策略集团目标客户群的交叉程度。策略集团为争取同一批客户进行竞争，这种交叉越广泛，竞争就越激烈。

（2）集团产品差异化程度。如果各集团间产品差异化很明显，则不同的集团会拥有自己独特的客户群，集团之间

Easy-going

如果一个产业存在多个策略集团，则说明产业内企业的竞争实力有着较大的差异，这些差异使企业更难清楚了解竞争对手，从而做出模棱两可的反应，这种反应容易导致“战事”反复爆发。

小故事

在化肥产业内，所有集团面对的客户都是农民。当这些集团的细分市场很分散时，集团彼此之间不会发生过于激烈的竞争。但如果某个集团的销售对象是整个市场，这就与其他集团的市场产生很大的交集，竞争当然非常激烈。

就不会发生激烈的竞争；如果差异化不是很明显，则集团之间的产品可以互相替代。为了争夺市场，往往会展开各方面的竞争。

（3）策略集团的数目和规模。产业内策略集团越多越容易引起激烈的竞争。

（4）集团策略的差距。集团策略差距越大，企业越不能理解对方的做法，在这种不理解下很容易引发竞争。

影响策略集团竞争激烈程度的因素

策略集团目标客户群的交叉程度
策略集团为争取同一批客户进行竞争，这种交叉越广泛，竞争就越激烈

集团产品差异化程度
如果各集团间产品差异化很明显，则不同的集团会拥有自己独特的客户群，集团之间就不会发生激烈的竞争

策略集团的数目和规模
产业内策略集团越多越容易引起激烈的竞争

集团策略的差距
集团策略差距越大，企业越不能理解对方的做法，在这种不理解下很容易引发竞争

策略集团和企业利润率

什么因素决定了策略集团内的企业利润潜力？这些因素是如何影响企业利润率的？波特将在本节解决这两个问题。

影响企业利润率的因素

波特在书中提出三大影响企业利润率的因素。

因素 1：共同的产业特征。

因素 2：策略集团的特征。

因素 3：企业在策略集团中的地位。

影响企业利润率的三大因素

之后，波特又详细介绍了这三大因素在哪些方面如何影响着企业利润率。

（1）共同的产业特征。全产业范围决定五大竞争作用力强弱的因素同样会作用到每家企业。此外，形成共同特征的因素还包括客户的增长潜力、产品差异化的潜力、供应商技术等。

（2）策略集团的特征。主要表现在策略集团移动壁垒的高度、策略集团对客户和供应商的价格谈判实力、策略集团对替代品的敏感

小故事

福特汽车公司和通用汽车公司因为有着相似的策略而同属于一个策略集团。但通用汽车公司规模较大，在研发、更新等方面有着较强的成本优势，而福特汽车公司在相对规模上要比通用汽车公司差些。虽然福特汽车公司突破相关移动壁垒进入该集团，但与通用汽车公司在成本上依然存在着一定的差距。

度以及策略集团与其他策略集团之间的竞争。

（3）企业在策略集团中的地位。影响企业在策略集团中地位的因素主要包括策略集团内部竞争的激烈程度、企业在集团内的相对规模、加入集团的代价、企业执行既定策略的能力。

这些多方面的共同的产业特征左右着产业内所有企业的利润率。

影响企业利润率的因素

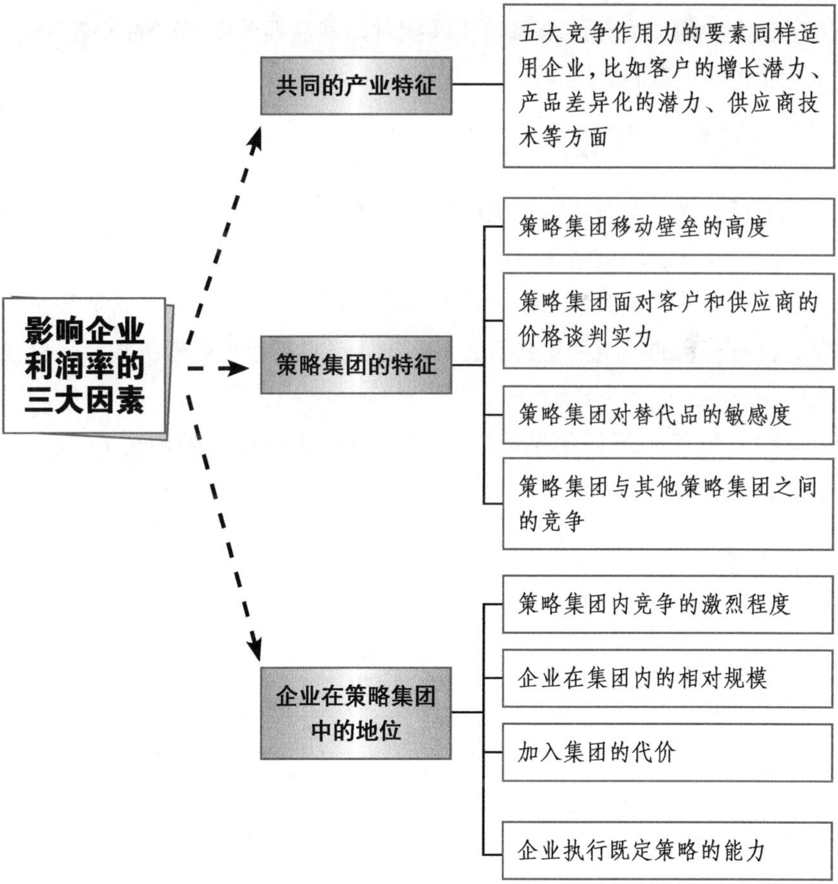

策略集团内企业的策略改变

企业如果对当前地位不是很满意，就可以采取相应的行动去改变当前地位，比如转移策略集团。这些策略行为方式与之前讲过的三大基本策略并不冲突。

改变策略的原因

利用前面讲过的产业结构分析可以详细知道企业的优势和劣势，如果感觉企业的能力无法与风险相匹配时，就需要改变当前的策略方式，让企业转向更有利的地位。

可供选择的策略

波特认为企业有 4 种可供选择的策略。

（1）建立新的策略集团。波特认为这种方式是收益最大的。产业结构的演进和技术更新都会促使新的策略集团形成，或者早于竞争对手发现对自身有利的环境并建立新的策略集团，也能让企业处在非常有利的地位。

（2）转移到更好的策略集团中。企业选择加入处境更好的策略集团。

小故事

20 世纪 50 年代以前，美国汽车公司无法与“三大”汽车公司形成竞争。在 50 年代中期，美国汽车公司经过长期的观察推出一款定位独特的紧凑型轿车。在一段时期内，美国汽车公司缩小了与“三大”汽车公司的差距。

（3）加强当前集团地位或企业地位。企业利用自身的优势巩固集团的地位或改善自身的地位，比如，增强移动壁垒，扩大营销网络。

（4）转移到新的集团并加强集团地位。进入其他的策略集团，并提高新集团的地位。

策略集团内企业可供选择的四种策略

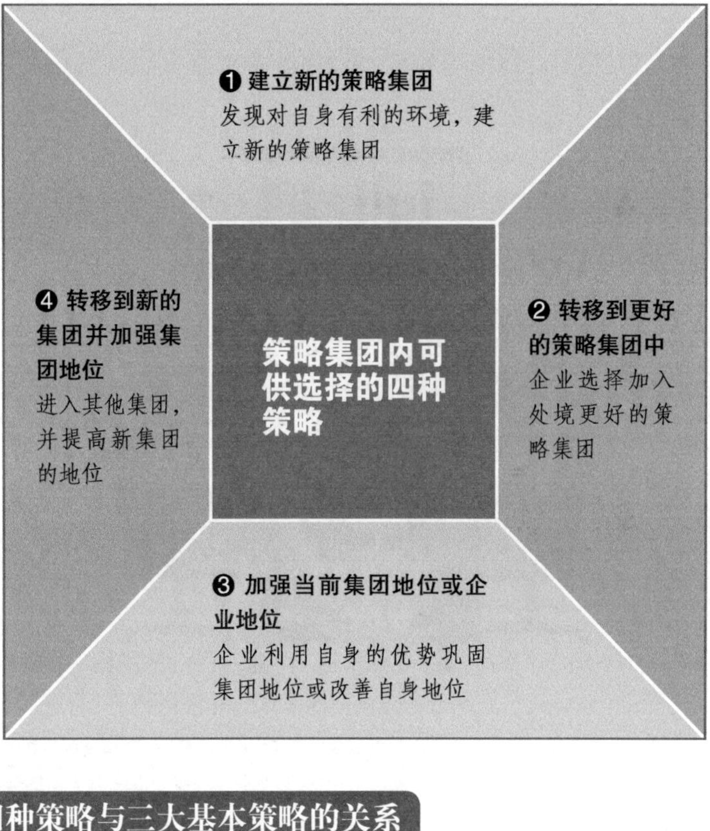

四种策略与三大基本策略的关系

波特指出，这里讲的四种策略是对三大基本策略的阐释，是三大基本策略的具体做法的体现。比如，三大基本策略中的产品差异化是通过形成差异化来对抗竞争，而四种策略中的提高移动壁垒是形成差异化的具体做法。

第9章

产业演进

前几章着重讲的是产业分析，而产业分析的基础是熟知产业结构。在波特看来，产业结构随着时间的推移，通常会发生本质性的变化，这种变化将直接影响到企业产业策略的制定。因此，了解产业演进的过程以及预测产业变化对企业调整产业策略具有重大意义。一般来说，产业演进越深入，企业转变策略付出的代价就越大，而只有早一步选择最佳策略才能让企业获取较大的利益。

本章教你：

- ▶产业演进的基本概念和产品生命周期
- ▶几种重要的产业演进过程
- ▶产业演进中的三种重要关系

产品生命周期

只有透彻了解产业演进，企业才能做出适当的策略调整。波特在本部分主要讲述分析产业演进的基本方法以及如何用产品生命周期来预测产业的演进过程。

产业演进的意义

波特认为产业变化的程度决定着产业演进的意义。如果产业变化很大，这种变化就会形成一种策略意义；如果变化不是很大，可能只具有某些方面的战术意义。波特在书中提到，分析产业演变可以从一些根本的问题入手，如产业变化是否导致移动壁垒的增加或减少，是否影响到客户或供应商的价格谈判能力，等等。

产品生命周期

波特在书中用产品生命周期来预测产业演进的过程。产品生命周期把产业演变假设成四个阶段，分别是推出阶段、上升阶段、成熟阶段、衰退阶段。

Easy-going

像自行车和收音机产业似乎就直接跳过了推出阶段。

产品生命周期的评价

接着波特又列出一些关于产品生命周期的评价。

（1）不同产业在不同阶段的持续时间不同，有时候人们可能根本分不清产业演进到底处在什么阶段。

（2）产业演进有时不一定完全按照上述的四个阶段发展，如有的产业可能没经过成熟阶段就已经走向衰退阶段。

（3）企业可以通过自身的条件影响或改变产品生命周期曲线。

（4）产品生命周期在每一阶段的竞争属性可能不尽相同，如有的产业开始非常集中，到后来可能依旧集中，也可能变得没以前那么集中。

产品生命周期

产品生命周期

- **产品生命周期的作用** → 用来预测产业演进的过程
- **产品生命周期的四个阶段** → 推出阶段→上升阶段→成熟阶段→衰退阶段
- **产品生命周期的评价** → ①不同产业在不同阶段的持续时间不同；②产业演进不一定完全按照四个阶段发展，可能跳过其中某些阶段；③企业可以用策略影响和改变产品生命周期曲线；④每一个阶段的竞争属性存在差异

More

预测演进的框架

波特在本章主要讲述产业演进的过程，而不是单纯地描绘产业演进。产业在形成的时候就会伴随产生一个初始结构，这种结构与发展以后的结构差别很大，但基本结构和产业的经济模式与企业特征有关。随着产业演进的深入，产业会朝着潜在的结构发展。

产业演进过程

产业演进过程受多方面的因素影响，要想找出重要的演进过程，就需要注意产业中一些能发现的、可预测的动态。波特在这部分详细介绍这些演进过程，如长期增长率的变化、细分客户群的变化、客户的经验积累……

长期增长率的变化

产业的增长率决定着竞争的激烈程度，也会影响产业的整体供需平衡，还会在一定程度上影响着潜在进入者的威胁。

美国出生率下降全面影响到婴幼产品的生产销售。

波特在书中列出5种影响长期增长率变化的因素。

（1）人口因素。人口因素从多方面影响着增长率的变化，比如年龄阶段影响客户的消费理念、收入水平决定客户的消费方向、受教育程度影响客户的购买思维。

（2）需求变化。任何一种产品的需求都要受到消费者自身相关因素的影响，比如消费者的生活方式和所处社会环境等。

小故事

20世纪60年代末70年代初的美国人拥有更多的闲暇时间，那时的美国人开始注重休闲，很快形成一种返“自然”现象。在日常生活中表现为人们纷纷追求更随意自然的产品，从而直接提高了牛仔裤、双肩包的销量。

（3）替代品。如果替代品与产品的差价不是很明显，或者是消费者的消费需求有所改变，产业增长率就会受到影响，如电视广告的普及直接导致杂志广告的需求下降。

（4）互补产品的变化。互补产品的营销受到与它们相关的产品的影响。比如，立体唱片的销售受到立体声音频设备销售的影响。

（5）新客户的增加。向新客户销售产品能极大地提高产业增长率，波特在书中称这种情况为客户渗透。客户渗透在一定程度能提高产业增长率，可并不是每个产业都遵循这一规律。比如耐用品产业，如果客户渗透达到饱和就有可能导致产业需求迅速锐减。再如，假设豪车在中国市场高峰期的年销量是42.5万辆，但高峰期一过，年销量就有可能不到20万辆。

Easy-going

产业增长的五个外部原因都是以假设产业的产品没有任何变化为前提，事实上产业的五个外部增长因素对产品创新都有很大推动作用。

影响长期增长率变化的因素

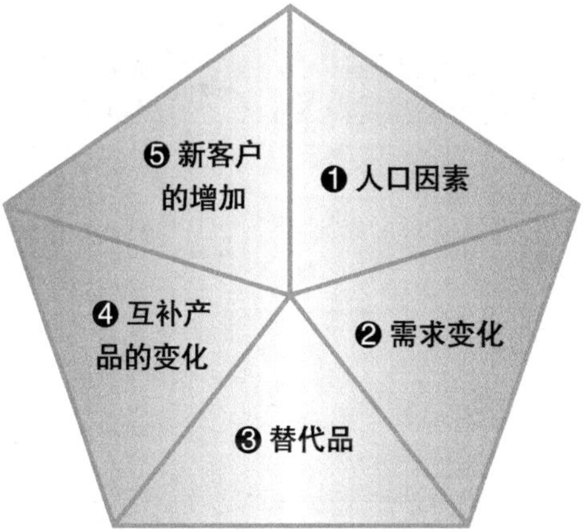

细分客户群的变化

这个演进过程是指产业面对的细分客户群的变化，该变化可能直接导致产业营销技术的变化，也有可能彻底变换客户群体。例如，早期计算机只用于科研，后来才普及到家庭里。

新细分客户群的需求影响着产业结构，一些特殊的需求可以让产业在演进中形成进入壁垒，如在规模经济和营销等方面的变化。

小故事

识别设备公司是光字符阅读器产业的领先者，该公司主要生产专业的光扫描机器。20 世纪 70 年代末期，该公司把棒氏阅读器投放零售网点，得到广大消费者的热烈响应，普通用户购买量大增，从而直接影响到了该公司的生产销售模式。

客户的经验积累

客户重复购买某一种产品就会对该产品越来越熟悉，客户在产品特

客户的经验积累

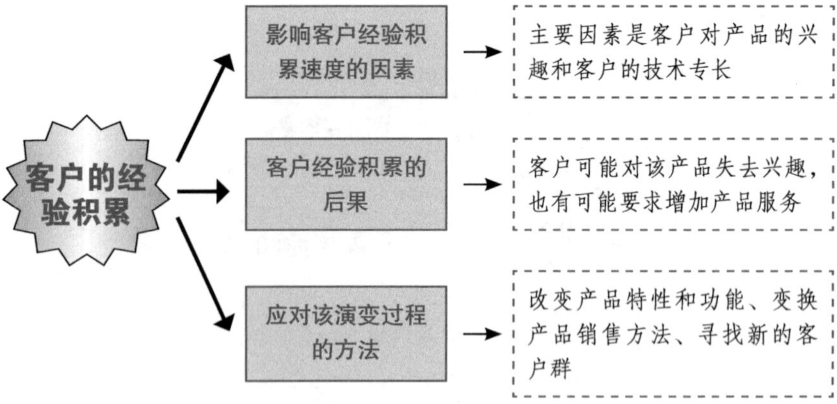

性和价值上的观念也会随之改变，会降低对产品差异化的兴趣，也会导致客户要求增加服务或保修。

客户的经验积累速度取决于客户对产品的兴趣以及客户的技术专长，不感兴趣的客户一般积累经验较慢。

波特在书中罗列了应对该演进过程的方法，如改变产品特性、产品销售方法和寻找新的客户群等。

专有知识的扩散

随着产业演进，产品技术越来越成熟，专有知识扩散也越来越广，扩散的方式也变得多样化。波特在书中列出 3 种扩散方式。

（1）竞争对手通过信息收集系统获得信息。竞争对手用不同的手段通过不同的渠道获得有关企业的全面信息。比如在生成规模、地点或组织上通过供应商、分销商和客户去了解信息。

（2）专有知识用于外部供应商。专有知识一旦用于外部供应商，就相当于专有知识泄露了，这时专有知识就有可能被竞争对手运用一些手段买到。

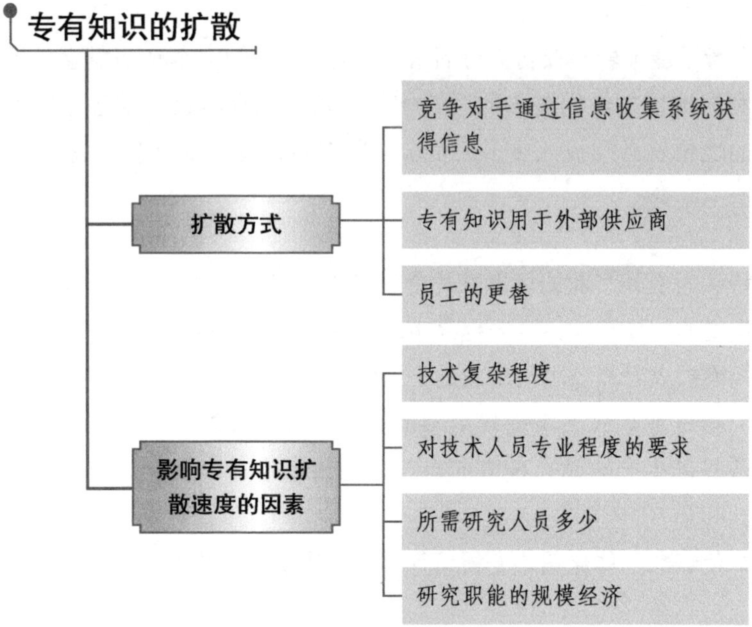

（3）员工的更替。技术人员的更替是专有知识扩散的直接原因。

波特接着在书中列出影响专有知识扩散速度的因素，分别是技术复杂程度、对技术人员专业程度的要求、所需研究人员多少和研究职能的规模经济。

产业不确定性的减少

一般情况下，新产业的产生都附带着很多的不确定性因素，比如潜在市场能力、某些方面的技术难题等。随着产业的发展，这些不确定性不断减少，不确定性的减少极容易吸引潜在进入者进入产业，因为不确定性的减少也就是风险的减少，风险的降低意味着进入壁垒的降低。

不确定性的减少最常见的威胁是竞争对手的模仿，所以企业不能长期依靠不确定性保护自己。为保护好自己，企业必须调整策略去防御效仿者和潜在进入者。

经验积累

波特在这里所说的经验是指企业在长期生产销售过程中积累下来的经验。企业利用这种经验曲线竖起一道进入壁垒，可以阻挡落后企业，使自身不能被轻易模仿。可后来者一旦模仿成功，领先者就会处于非常不利的地位，他们过去的经验优势就荡然无存，企业要想依旧保持领先的地位就必须投入更多的资金去增加新设备、推出新方法。

规模的扩大

波特认为上升产业的标志就是企业整体规模在扩大。增长一般会引起一定程度的规模扩大，也会提高市场份额的占有速度。之后，波特又列出了规模扩大对产业可能造成的三点影响。

（1）给产业规模经济提供更多的策略选择。例如，企业可以采用规模经济时的生产方法，建立起自己的销售渠道，以及全国统一的服务系统。

（2）使纵向一体化策略变得可行。大规模生产意味着供应商提供更多的原料，客户购买更多的产品，经销商和消费者的销售或购买能力增加，这样将引导企业向前或向后一体化进入该产业。

（3）吸引新进入者。很多大企业都是“谋定而后动”的，尽管他们拥有强大的财力和市场，但他们一开始并不会选择开发市场，而是任由小企业在新产业内折腾，一旦他们发现该产业市场可观时，他们就会进入，并对已进入者造成强大的压力。

投入成本以及汇率的变化

任何一个产业的发展都需要在各方面进行投入，像在生产、销售、服务上的投入，这些投入成本直接影响着产业结构。

波特在书中列出几类可能发生变化的重要投入成本：工资率（单位时间内的劳动价格）、原材料成本、资金成本、通信成本、运输成本。

工资率和资金成本影响着规模经济；通信成本和运输成本的变化可能导致重新组织生产，影响进入壁垒。

汇率的波动也会对产业竞争产生深远的影响。

规模扩大对产业造成的影响

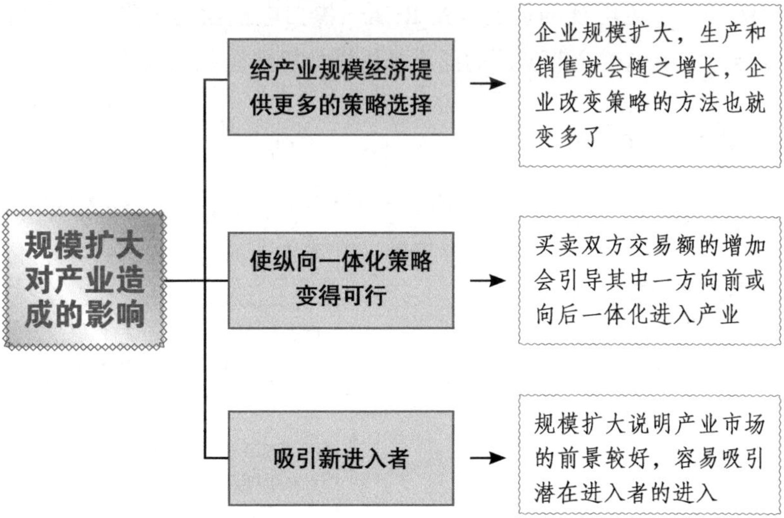

容易发生变化的重要投入成本

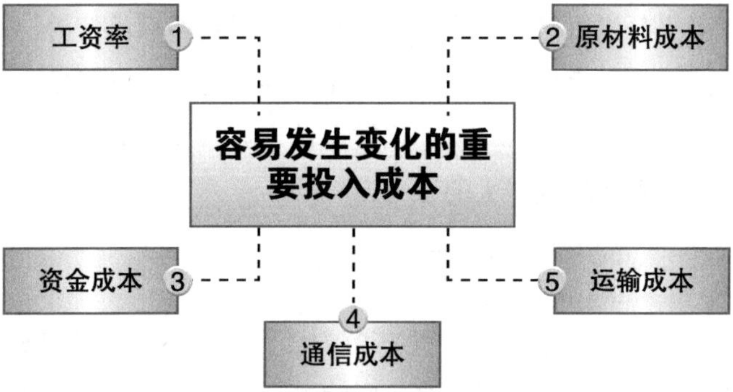

产品创新

产品创新是指产品特性或服务上的改变，直接影响着产业结构。波特认为产品创新主要有以下三个方面的影响：一是扩大市场，进而促进产业增长或形成产品差异化；二是新的产品需要相应的新的生产方法、销售渠道和营销方法；三是让客户积累的经验化为乌有，影响客户的价格谈判实力。

波特还指出产品创新有可能来自产业内部，也有可能来自产业外部。例如，彩色电视的创造者是RCA—黑白电视业的领先者，而电子计算器却是由电子企业创造的而不是机械计算器企业创造的。

产品创新的影响

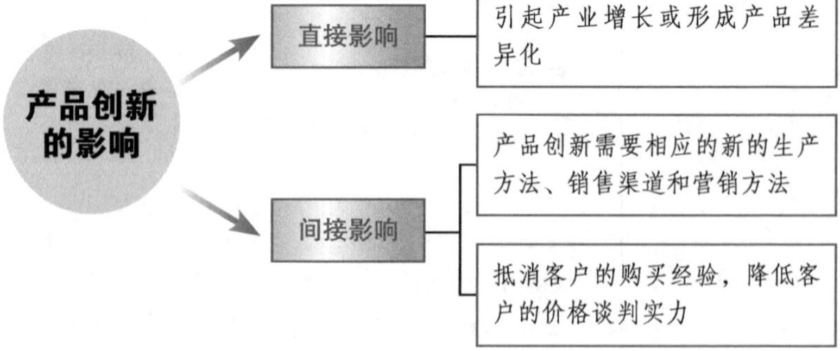

营销创新

营销创新可以通过广告突破和新的营销渠道来找到新客户或形成产品差异化。新的营销渠道的发现能提高企业产品市场占有率或提高产品的差异化，而高效率的营销创新能降低产品总成本。新的营销方法还有可能影响到规模经济，从而改变移动壁垒。

过程创新

过程创新是指生产过程或生产方法的创新。过程创新的影响分别是增加或减少生产过程中的资本密集性、扩大或缩小规模经济、增加或减少固定成本、改变纵向一体化、影响经验曲线的形成等。

过程创新和产品创新一样，这种创新也可能来自产业内部，也可能来自产业外部。例如，20 世纪 50 年代，玻璃厂家的创新让玻璃纤维进入造船业，从而解决了旅游船的设计和生产的难题。

相邻产业结构的变化

波特这里所说的相邻产业是指产业供应商和客户的产业，他们的产业结构影响着他们的价格谈判实力，从而影响他们产业的演进。

过程创新的影响

1. 增加或减少生产过程中的资本密集性
2. 扩大或缩小规模经济
3. 增加或减少固定成本
4. 改变纵向一体化
5. 影响经验曲线的形成

……

相邻产业内的微妙变化也能影响到产业的演进。例如，在20世纪60年代初期，唱片零售商不再让客户在店里试听，这一动作就对唱片录制产业产生重大影响，唱片录制产业不得不为了推广新唱片而购买广告时间，不过这同时也为录制产业增加了壁垒。

政府政策变化

政府政策能非常有效地影响产业机构的变化，波特在书中把这种影响分为直接影响和间接影响。其中直接影响是指政府对进入产业、竞争行为、利润等一些关键地方的调控；间接影响通常是政府对产品质量、环境保护、关税等方面进行限制而产生的影响。

进入和退出

波特所指的进入是指在其他产业已建立地位的产业的进入，这种情况会明显影响到产业结构。而退出产业会让产业内企业减少，同样也会发生产业结构的变化。

波特还分别指出进入和退出的原因及影响。

进入原因：企业发现该产业的增长机会以及高出进入成本的盈利机会，这是基于企业对产业的观察和假设，企业认为进入该产业会让他们获利。

进入影响：已立足于其他产业并有一定地位的企业一定有独特的优

小故事

20世纪60年代中期，一些大型消费营销公司发现葡萄酒行业有利可图，便通过自身发展或收购现有葡萄酒酿酒厂进入葡萄酒产业，随即这些公司通过制造销售一些低质量葡萄酒，再充分利用自己原有的销售网迅速打通了全国的销售渠道。需要说明的是，在此之前，美国葡萄酒行业虽然有许多能生产出优质葡萄酒的企业，但没有一家具有广泛的分销渠道。

势，要么是技术优势，要么是资源优势，也有可能是市场优势，这些优势往往是他们进入新产业的动力，也是他们改变新产业结构的武器。

退出原因：当企业察觉到投资回报无法超出资本时就可能退出产业。

退出影响：退出要受到退出壁垒的影响，这使留下的企业竞争处境更加恶劣，有可能触发更猛烈的竞争。

进入与退出

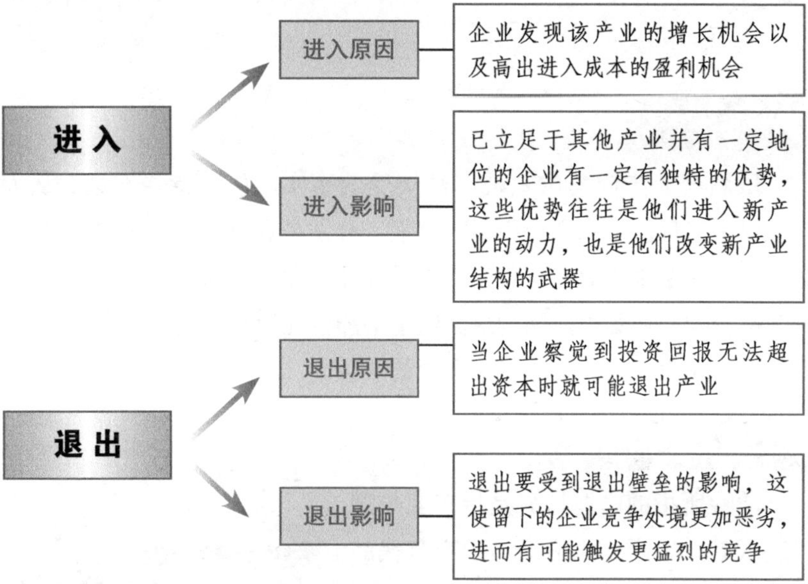

More

演进过程的重要性

通过演进过程能准确预测产业变化，并且不同的演进过程解释着相应的策略问题。例如，政府政策发生变化时，企业必须根据变化找出产业将要发生的变化以及将会对自身产生的影响。

波特还指出，每个演进过程都会发出一些重要的策略信号，企业要通过不断观察环境去发现这些信号。

产业演进中的重要关系

通过上一节的讨论可以发现，每一种业务都会促进产业演进，都需要做出相应的策略反应。波特指出，产业演进不会受到某一单个因素的影响，也没有一种固定的方式，但其中存在着一些特别重要的关系，如产业集中、产业边界的变化、企业影响产业结构间的关系。

产业集中

虽然产业走向集中是被广泛接受的事实，但波特并不这么认为。波特提出三种能影响产业集中的因素，分别是竞争、移动壁垒和退出壁垒。移动壁垒很高时有可能发生产业集中；过低时则不会发生集中。退出壁垒影响产业集中，因为退出壁垒增加企业退出产业的难度，不成功的企业留在产业内会影响集中取得的效益。

产业边界的变化

波特所指的产业边界是指产业与潜在进入者、客户、供应商、生产替代品的企业边界，这些边界可能因为产业演进而发生变化。产业边界的变化经常引起产业结构的变化，比如产业中的创新可能导致更多的企业直接参与到竞争中，从而使产业扩大。

Easy-going

产业演进的策略重要性分析也就是产业边界会受到怎样影响的分析。

企业影响产业结构

波特在书中列出企业影响产业结构的两种方式。

（1）利用自身的优势影响产业结构。当企业发现某种策略能让自己在策略改变中获利时，企业就会采取这种策略。

（2）利用产业演进的动力改变产业结构。观察出影响产业结构的外部动力，并引导这种力量向对自己有利的方向转化。

产业演进中的重要关系

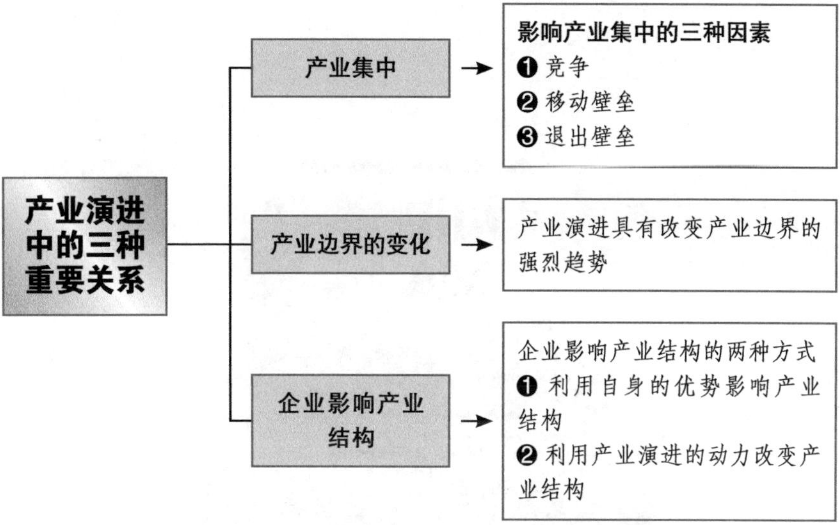

More

产业演进的模式

产业演进几乎是不会停止的，只要有产业的存在，产业就无时无刻不在演进中。在产业内生存的企业必须学会适应产业演进，做出一系列必要的策略反应。

波特指出，产业演进既没有特定的规律，也没有固定的模式，企业应该抛弃任何演进的单一模式，学着根据产业演进中的重要关系来分析企业该何去何从。

第10章

零散型产业中的竞争战略

本章教你：

- 分析造成产业零散的原因
- 介绍克服零散的方法和对付零散的方法
- 分析零散产业的潜在策略陷阱
- 帮助企业在零散产业中制定竞争战略

波特在《竞争战略》中描述的零散型产业是指产业内有很多企业在进行竞争，但没有一家企业占据明显的优势，也没有一家企业的行动能影响到整个产业，这样的产业被称为零散型产业。

零散型产业在很多种经济领域中都存在，以下几类中在波特看来最常出现：服务业、零售业、分销业、木材和金属制作业、农产品和“创造性的”行业。

产业零散的原因

不同产业造成零散的原因不同。波特在书中提到造成零散的两方面：一是历史因素，比如长期积累下来的资源或能力；二是基本经济因素。

造成产业零散的基本经济因素

波特在书中列出 12 种造成产业零散的基本经济因素。

Easy-going

如龙虾捕捞业，船只都在同一片水域作业，每只船的收获在理论上是均等的，每只船的劳动成本也几乎是一样的，就算大规模运营也无法降低成本。

（1）产业整体进入壁垒低。较低壁垒才会给那些小企业进入产业的机会。

（2）不存在规模经济或经验曲线。在诸如研究、生产、销售等任何一环节都无法形成规模经济或经验曲线。

（3）高运输成本。高运输成本限制着生产规模和生产地点。

（4）高库存或不稳定的销售波动。高库存和不稳定的销售波动影响着规模经济的经济性。

（5）与客户或供应商接触时无法感觉到规模优势。企业拥有一定的规模，但在与客户或供应商交往时无法感觉到真正的规模优势，有时客户或供应商会想一些办法降低一家企业对自己的影响，比如接纳新的企业进入行业。

（6）某些重要方面的规模不具经济性。比如在产品更新较快的产业，这时小企业比大企业更灵活。

（7）市场需求多样化。在某些产业，因为客户喜好的零散，需求的产品也就多样化。

（8）高度产品差异化，特别是差异化基于形象的基础上。产业的客户追求特殊形象，大规模无法给单个客户提供独一无二的产品或服务，从而造成产业零散。

（9）退出壁垒。退出壁垒把许多不盈利的企业留在产业内。

（10）地方法规。地方法规有可能迫使企业实行某种标准，或者根据要求达到某种一致，这就有可能造成零散，这类影响主要表现在诸如酒类零售业、干洗、配眼镜等人工服务行业中。

（11）政府禁止集中。法律明文规定某些产业禁止集中。比如，电力或电视广播产业。

（12）新产业。新产业会造成产业零散，因为这时候没有哪一家企业拥有足够的能力占据较大市场份额，即使没有其他因素的影响，新产业因为这个原因依旧会出现零散。

造成产业零散的基本经济因素

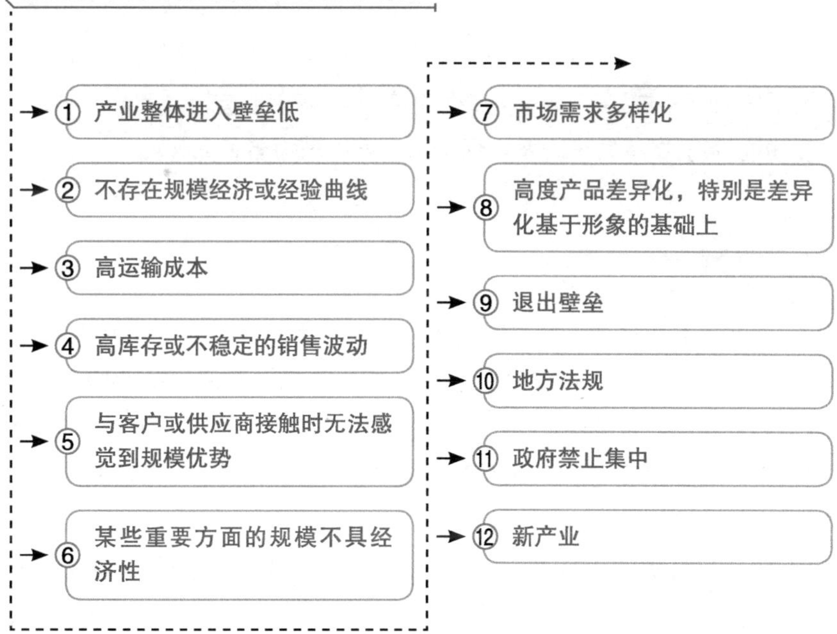

克服零散

波特在书中指出，克服零散就是想法抵消造成零散的基本经济因素，进而使产业达到相对集中的努力。本节中波特主要讲述了克服零散的原因和克服零散的方法。

克服零散的原因

波特认为克服零散可能会让企业收到相当高的回报，且零散产业的进入壁垒较低，企业可以轻易进入。由于竞争者都很弱小，发起的报复也不会太强烈，所以去竞争相对较弱的零售行业不必担心后续报复的后果。

小故事

20世纪早期，美国牛肉业由于集中厩养场需要花费大量资金而变成零散产业。后来，衣阿华牛肉公司和蒙福特公司因为催肥技术的更新而开始集中牛肉业，当它们集中了牛肉业后，还向后发展到饲料，向前发展到屠宰业，很快它们就发展为著名品牌。

克服零散的方法

波特在书中提到五种克服零散的基本方法。

（1）创造规模经济或经验曲线。形成规模经济或经验曲线的方法有很多，比如技术更新，像上述小故事中的催肥技术的应用；市场营销的创新，比如电视网的广泛应用造成产业集中；分销、服务等其他一些方面也能造成规模经济或经验曲线。

（2）让市场需求标准化。通过对产品或营销等环节的创新促进市场需求标准化。比如推出的一种新产品可能引起客户的一致喜欢，或在销售上的突破获得客户的好评，从而引起其他企业向该标准靠近。

（3）中立或分离造成零散的主要因素，即使造成零散的主要方面与其他方面分离开。比如在快餐行业，快餐行业开始是比较零散的，造成快餐行业零散的主要原因是无法近距离控制和服务水平不高，而一些企业通过采购和广告完成该产业的集中，如麦当劳、必胜客。

（4）进行收购，获得临界批量。有时候，市场占有率决定着收益。由于零散的存在，很容易侵入到别人的市场，但入侵后扩张就比较困难，而通过收购扩展市场则极容易取得成功。

（5）尽早发现产业趋势。产业到达成熟期时一般都会形成集中，当然，产业内其他一些因素也能导致集中的出现。例如，小型计算机的出现导致计算机服务部门扩大服务范围，从而形成规模经济而形成产业集中。

克服零散

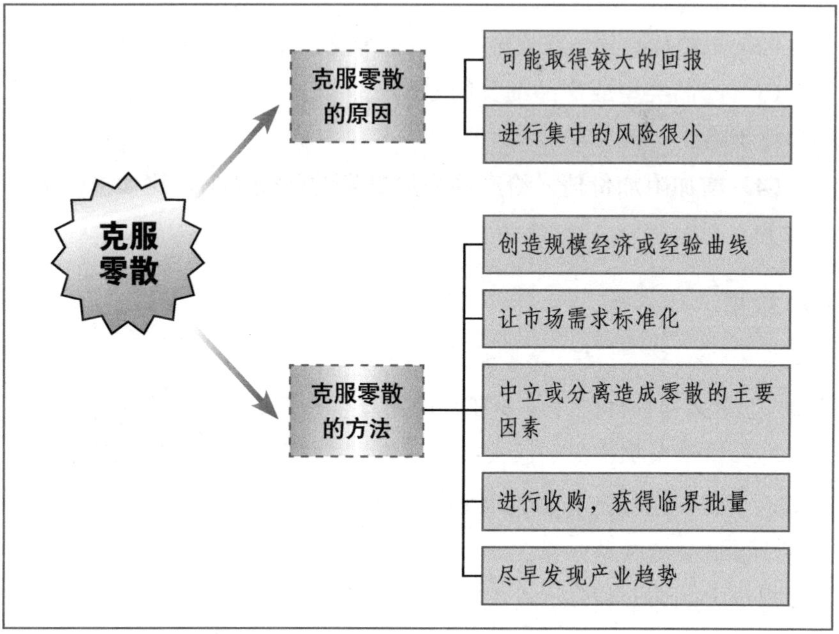

对付零散

在讲了克服零散之后，波特又指出，有些零散产业可能因为有着特殊的原因而无法被克服。当企业处在无法克服零散的产业时，企业采取什么策略在零散中占有一席之位就显得非常重要。波特在本部分详细介绍了对付零散的策略。

对付零散的策略

波特在书中列出 9 种对付零散的策略。

（1）严格管理下的零散化。这种策略的做法是让小规模经营形成自治，而在总体上实行严格的核心控制。例如，某企业购买一群区域性的小杂货店，之后让它们依然自主经营，且保持原名，但企业在核心和人员调动上加以严格控制。

（2）设施标准化。在设施上实现标准化，降低设施成本投入。

（3）产品类型或产品细分的专门化。产品专门化就是之前讲过的差异化策略。

（4）增加附加价值。给产品增加更多的附加价值，比如提供更好的服务。

小故事

Ethan Allen 成立初期和别的家具生产厂家一样，只是单一地生产销售全系列产品。后来 Ethan Allen 在产品销售这部分放开手脚，让客户自行选择搭配装扮自己的房间，这样就使每个客户的房间设计都变成独一无二了。这种独特的销售方法让 Ethan Allen 取得巨大的商业利润。

（5）顾客类型专门化。企业可以把销售目标锁定在特定的客户群，比如议价实力较弱的客户、不注重价格而注重附加价值的客户等。

（6）订货类型专门化。这里有两种情况：一是只接受小订单，客户急于要货而不太在乎价格；二是接受定制产品，进行专门化的出货。

（7）集中的地理区域。专注某个特定地区市场，集中策略获得经济性。

（8）简单节俭。在竞争中注重简单，并注意节俭多方面的费用，获得高于平均水平的利润。

（9）后向一体化。形成后向一体化的企业比无力实现后向一体化的企业更具优势。

对付零散的策略

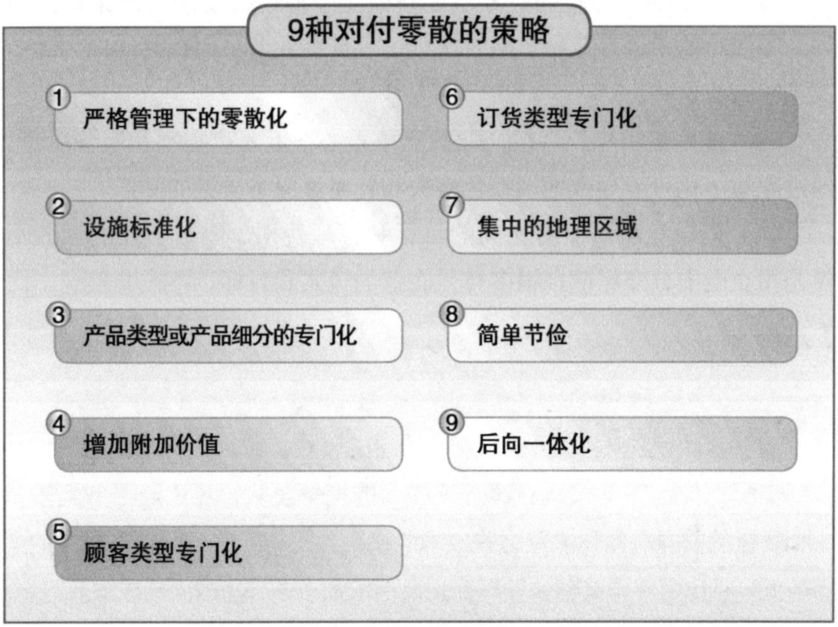

零散产业的潜在策略陷阱

由于零散产业的特殊环境，往往会存在一些独特的策略陷阱，熟知这些陷阱是零散产业中企业进行策略选择的前提，分析常见的陷阱能让企业在进行策略分析时有一定的方向。波特认为常见的陷阱包括寻求支配地位、策略约束力较弱、过度集中化……

零散产业常见的策略陷阱

波特在书中列出5种常见的陷阱，并进行了详细分析。

（1）寻求支配地位。零散产业从根本上不支持支配地位，由于零散产业基本经济因素的影响，处在支配地位的企业无法取得经济规模或形成经验曲线。

（2）策略约束力较弱。零散业有效竞争的前提是严格的策略约束力。零散产业中进行某种策略时必须舍弃某些业务，而缺乏约束力的企业无法完成这些。

（3）过度集中化。零散产业的竞争重心在近距离控制和服务质量。但过度集中化可能导致地域特色丧失和针对性服务质量的降低。

（4）假设竞争对手有相同的目标和管理费用。零散产业的零散不仅是指企业的分布零散，很多时候企业的模式和目标也存在着差别。比

小故事

Prelude是一家专门从事龙虾捕捞的公司，曾经在龙虾捕捞业做到支配地位，它不仅建立起一支强大的捕虾船队，还逐渐形成运输和餐馆的前向一体化。可这些成本的投入并没有给该公司带来成本的降低，相比之下，高额的管理费用反而增加了该公司的固定成本。

如，使用兼职人员的企业和有固定办公地方的企业面对竞争时会有不同的反应。

（5）企业对新产品的过度反应。每一种新产品的出现都会引起激烈的竞争，因为客户在接触新产品时会迫切需要了解新产品以及相应的服务，这在零散产业中是一种受欢迎的开端。企业投入大量资金做出反应，但是当成熟的第一个信号出现时，零散结构满足了需求而支撑这种投资的利润却消失了。

Easy-going

如何控制对新产品的反应时间，在任何产业中都是一个值得注意的问题。因为零散产业的孱弱性，其显得尤为重要。

零散业常见的策略陷阱

- 寻求支配地位
- 策略约束力较弱
- 过度集中化
- 假设竞争对手有相同的目标和管理费用
- 企业对新产品的过度反应

More

分析常见策略陷阱为了什么？

常见陷阱是指企业在进行策略制定时容易陷入的误区。

在企业制定策略之前，清楚地分析每个可能的潜在陷阱，能有效帮助企业避开一些陷阱，少走一些不必要的弯路。

在零散业中制定竞争战略

经过前面一系列的分析后，按照波特《竞争战略》的逻辑，是时候解决在零散产业中制定竞争战略的问题了，波特在这部分将详细讨论制定竞争战略的几个步骤。

在零散产业中制定竞争战略的步骤

波特把在零散产业中制定竞争战略的步骤分为五步。

第一步，对全产业和竞争者进行分析。认清产业中错综复杂的力量和彼此的影响，准确了解主要竞争对手的地位。

第二步，找出并分析产业零散的原因。找出造成产业零散的原因，并分析它们与产业经济的联系。

第三步，分析零散能否被克服。分析零散的原因是否可以通过策略改变而克服，产业的变化趋势是否能改变零散的状况。

第四步，克服零散的收益以及克服方法。如果零散可以被克服，分析克服可能带来的效益，并进行结构分析找出克服零散的方法。

第五步，寻求零散无法克服时的最佳策略选择。如果零散无法被克服，可以在前面讲过的策略中找出对付零散的方法。

小故事

狄龙公司属于食品零售业，通过分析环境发现该产业的零散无法被克服。于是狄龙公司转向寻找新的策略，希望在零散中占据一定的优势。狄龙公司采取的策略是购买一群小的、区域性的连锁杂货店，然后只在总体上严格控制，至于杂货店的名字、顾客以及自主经营权都不过问。狄龙公司通过该策略受益匪浅。

在零散产业中制定竞争战略的步骤

第一步
对全产业和竞争者进行分析
认清产业结构、产业竞争力量以及竞争对手的地位

→

第二步
找出并分析产业零散的原因
找出造成零散的原因，并分析这些原因与产业经济的关系

↓

第三步
分析零散能否被克服
分析零散是否能被一些策略改变克服，产业变化是否会改变零散

←

第四步
克服零散的收益以及克服方法
零散可以被克服时，分析克服收益，找出克服方法

↓

第五步
寻求零散无法克服时的最佳策略选择
零散无法被克服时，找出最佳的方法对付零散

不一定非要死板地按照这个步骤来，如果条件允许，可以只进行其中的几步

More

在零散中制定竞争战略的分析框架的其他作用

波特认为，在零散中制定竞争战略的步骤分析，也可以用来分析形成零散的原因、竞争对手策略的效果、改变零散原因的产业趋势，甚至可以用来分析整个零散产业。

通过这些步骤还可以得到大量的数据，这些数据往往是进行技术预测和环境审查的必备条件。

第11章

新兴产业中的竞争战略

波特给新兴产业下的定义是"新形成的或通过转型重新形成的产业，形成的原因是新的消费需求的出现、技术的创新、新产品或服务可以产生商业机会"。此外，在波特看来，新兴产业会随时随地被创造出来。

本章教你：

- ▶新兴产业的结构环境
- ▶阻碍新兴产业发展的11种因素
- ▶客户接受新产品能力的9种标准
- ▶新兴产业的策略选择

波特还指出，新兴产业是没有竞争原则和规则的，竞争的主要核心就是促使这些规则的建立。没有规则的竞争是一把"双刃剑"，既能给企业带来机遇，也能给企业带来风险。

新兴产业的结构环境

新兴产业可能在很多方面的差异都比较大，但是在发展阶段，波特认为它们还是受到一定的共同因素的影响，所以新兴产业在特定的方面还是拥有一定的共同点。波特在本部分详细介绍了新兴产业的共同结构特征以及新兴产业的早期移动壁垒。

新兴产业的共同结构特征

已立足企业和另立门户的新企业之间的区别主要有以下两个方面：①在技术和策略的推动下发现更好的条件；②在迅速发展中看到更高的收益环境。

波特在书中列出 7 种新兴产业的共同结构特征。

（1）技术不确定性。新兴产业往往存在很多种本质上有着差别的技术，这些技术到底哪一种会被该产业筛选为最适合的，具有一定的不确定性。

（2）萌芽企业和另立门户企业。产业新兴阶段必然会产生一大批的新企业，其中包括新成立的企业、已立足企业或另立门户产生的新企业。

（3）策略不确定性。由于信息的缺乏，企业采取的策略种类很多，没有出现被公认为“正确”的策略。

（4）初始成本较高但成本下降很快。由于新兴产业中基本上是新产品或是小批量生产，整体的成本比较高，而一旦在某些条件成熟后就会出现成本大幅下降的情况，比如，员工操作水平的提高、设施的完整等。

（5）面对首次购买者。新兴产业的产品或服务一定会面对首次购买者，当企业面对首次购买者时，要让购买者清楚了解产品的基本性质和功能，也要告诉购买者所要承担的风险。

（6）目光短浅。在新兴产业中存在多方面的压力，如发展客户、生产产品。在多方面的压力下，很多企业在解决问题时，往往不以对未来形势分析的结果为依据进行策略分析，而是利用权宜之计。

（7）补贴。对于那些采用新技术和得到社会关注的新兴产业通常会有来自政府或非政府的补贴。

新兴产业的早期移动壁垒

波特认为常见的早期移动壁垒有以下 5 种：①专有技术；②获得分销渠道；③原材料和熟练员工等方面的优势；④经验造成的成本优势；⑤风险造成的有效资本壁垒。

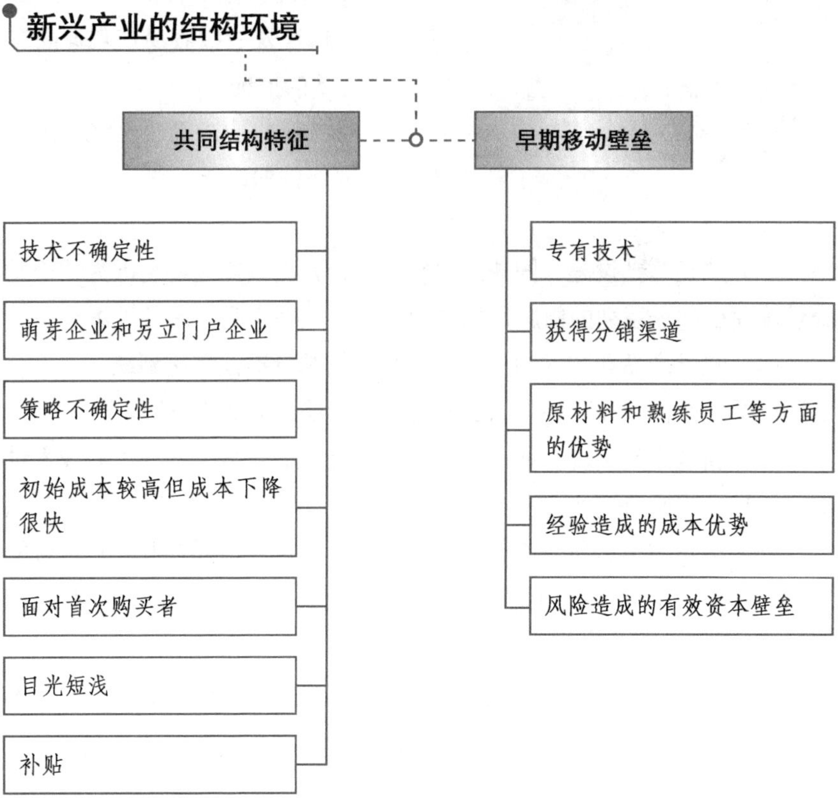

阻碍新兴产业发展的因素

新兴产业在发展过程中一定会遇到各方面因素的影响，这些因素在不同程度上阻碍着产业发展。波特在本节中详细讲解了这些因素。

阻碍新兴产业发展的因素分析

Easy-going

购买者还有可能会根据自己对技术更新的判断，故而选择等待技术更新或现有技术产品的降价。

波特在书中列出11种阻碍新兴产业发展的因素。

（1）原材料和零部件的获取困难。新兴产业的快速发展极容易出现原材料和零部件短缺的情况。

（2）原材料的价格迅速上涨。因为原材料和零部件的缺乏，引起原材料价格的上涨。

（3）缺乏基础设施。同缺乏原材料一样，新兴产业还会因为缺少基础设施而引起一系列的问题，如分销渠道、互补产品、服务设施等。

（4）缺乏产品和技术的标准。产品和技术标准没有达到统一，更容易造成原材料供应和互补产品的问题，并可能阻碍成本下降。

（5）新技术的出现。购买者如果发现更新的技术将导致产业技术过期，这也会阻碍新兴产业发展。

（6）客户困惑。新兴产业内的企业鱼目混珠，不同企业的宣传可能大相径庭，这就可能增加客户的购买风险感，从而影响整个产业的销售额。

（7）产品质量不稳定。由各方面因素的影响导致产品质量反复不定，如缺乏技术标准等。

（8）在金融界的形象和信誉。新产业的可信度差，在金融界的形象影响到融资的能力。

（9）政府部门的影响。政府部门既能阻碍新兴产业发展，也能促进新兴产业发展。比如，监管部门在批准方面进行拖延就有可能阻碍新兴产业的发展。

（10）高成本。新兴产业经常会出现单位成本高于最终成本，这时企业应使把定价低于成本，否则会严重阻碍新兴产业的发展。

（11）被威胁实体的反应。新兴产业的出现必定会威胁到某些实体，而这些实体的反应也将限制产业的发展。比如，新兴产业产品作为一种替代品威胁到的产业就是实体之一。

阻碍新兴产业发展的因素

① 原材料和零部件的获取困难
② 原材料的价格迅速上涨
③ 缺乏基础设施
④ 缺乏产品和技术的标准
⑤ 新技术的出现
⑥ 客户困惑
⑦ 产品质量不稳定
⑧ 在金融界的形象和信誉
⑨ 政府部门的影响
⑩ 高成本
⑪ 被威胁实体的反应

客户接受新产品能力的标准

不同的客户对同一新产品的接受能力不同，波特认为客户的这种能力受到某些标准的影响，这些标准分别是利益的性质、支持服务、变更的资源……详细分析这些标准并尝试克服这些标准所面临的问题是企业打开市场的重要手段。

客户接受新产品能力的 10 个标准

（1）利益的性质。客户是否能完全接受一种产品或服务的关键性因素是客户希望得到的利益。波特在这里提出客户想得到的利益主要有两方面，即性能利益（Performance Advantage）和成本利益（Cost Advantage）。

性能利益是指产品独特的性能。客户考虑到性能利益时主要关注以下几个方面：性能利益的大小、性能利益的明显程度、性能利益对客户的重要程度、性能利益能否改善客户的竞争地位、性能利益引起的成本增加、性能利益改变客户竞争压力的程度。

成本利益是指降低成本的原因和条件。客户注意成本利益主要是从以下几点出发：成本利益的高低、成本利益的明显程度、成本利益能否带来长时间的竞争优势、成本利益改变客户竞争压力的程度、客户自身策略的成本发展方向。

（2）产生重要利益所要求的技术水平。产品技术性能同样决定着新产品是否被客户所接受，某些客户可能只需要新产品的基本功能，而有些客户却需要更复杂的型号。

（3）产品失败的代价。产品失败代价越高越不能被客户接受。

（4）介绍或转换成本。新产品代替现有产品需要克服现有产品的转换成本，转换成本的高低影响着客户的接受能力。

（5）支持服务。客户面对新产品时，可能会考虑该产品的支持服务，像技术人员、操作人员等，已经拥有支持服务的客户更容易采用该产品。

（6）逐渐过时的代价。产品更新过快，导致有些客户被迫等待购买下一代产品以便保持竞争力。

（7）变更的资源。客户因为拥有不同的向新产品转换的资源而有着不同的态度，如技术、资金等方面的不同。

（8）对技术变革的感觉。客户对技术变革的感觉存在差异，技术进步快和拥有高技术的产业对新产品感到的威胁要小。

（9）决策者的个人风险。采用新产品的决定没有被正式定下来时，负责决策者会感到极大的风险，自然会放慢购买新产品的脚步。

（10）不对称的政府法规。对于采用新产品的法规的不同，对客户有着不同的影响。比如，同样是出现新产品，食品和药品需要严格的检测，而其他产品则没有太多的局限。

客户接受新产品能力的标准

客户接受新产品能力的标准

1 利益的性质
2 产生重要利益所要求的技术水平
3 产品失败的代价
4 介绍或转换成本
5 支持服务
6 逐渐过时的代价
7 变更的资源
8 对技术变革的感觉
9 决策者的个人风险
10 不对称的政府法规

策略选择

波特认为，新兴产业的竞争战略的核心在于解决产业在发展阶段所遇到的风险和不确定性，而这个时期是没有形成一定的规则和原则的，选择策略时就要选择能使企业表现出最大优势的策略。

好的策略选择

波特在书中提出 4 种好的策略选择。

（1）塑造产业结构。塑造产业结构就相当于奠定了企业在产业中的王者之位，企业可以通过在生产、销售、价格等方面建立某种特定的规则，从而使自身在长时期内处在绝佳的地位。

Easy-going

企业在产业发展前期一定要先追求产业目标，再追求自身利益，如此才能获得长远利益。

（2）平衡产业追求目标和自身利益。波特认为，在一个新兴产业内，平衡对产业的倡导和追求自身利益是一个重要问题。在产业新兴阶段，很多企业不愿意和别的企业进行合作，而是选择追求自身的市场地位，这通常会损害到产业发展，例如，有的企业可能为了保持自己产品的独特性而反对搞标准化。

（3）适应供应商和渠道的角色变化。企业在产业新兴阶段要做出多种准备以应对供应商和分销渠道在不同方向上的改变。例如，供应商可能变得乐于满足企业的某种特殊方面的要求。

（4）转变的移动壁垒。 波特讲过，新兴产业发展很快，当产业在规模和技术上成熟时，就会出现不同的新的壁垒，侵蚀掉早期的移动壁垒。所以，企业在发展过程中一定要学会保护自己，并努力寻找方法去建立新的移动壁垒。建立新的移动壁垒不仅需要独特的产品和技术，还需要密切注意来自竞争对手的威胁。

好的策略选择

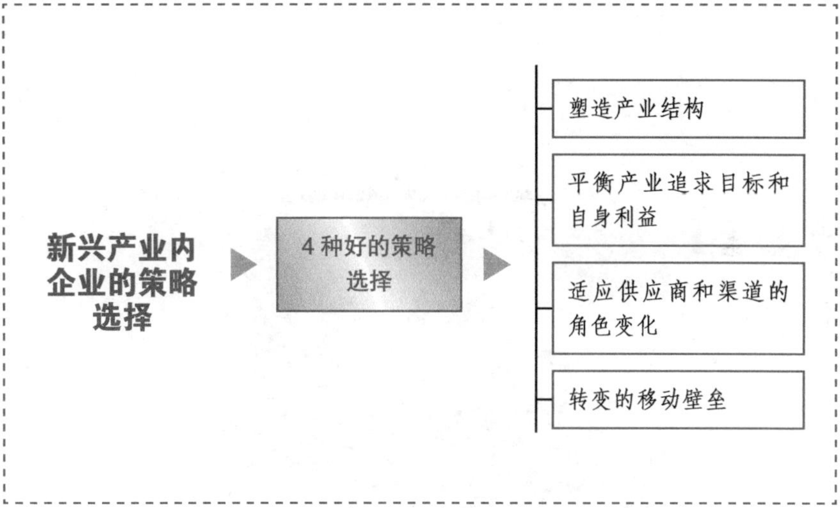

More

进入时机和对付竞争对手

进行策略选择时，还需要注意另外两个方面，就是进入时机和对付竞争对手。

在新兴产业，早期进入的风险较大，但其移动壁垒较低；后期进入风险较小，但其移动壁垒较高。

新兴产业一定会产生一些先驱者，这些企业占据重要的地位，企业可以通过一些手段进行遏制或反抗，比如努力发展好自身，鼓励某些特定企业进入，也可以研发一些新技术……

第12章

产业向成熟转化

波特提出的成熟期阶段是指产业在演进过程中从高速增长到有节制增长的时期。成熟阶段不是一个固定的阶段，企业可以利用自身的优势调整策略从而推迟成熟期的到来。

产业向成熟期转化是产业内企业的关键时期，因为这种转变可能引起竞争环境发生本质性的变化，企业要根据环境变化做出相应的策略转变。

本章教你：

▶ 产业向成熟转化伴随的变化趋势

▶ 转向成熟产业的竞争策略制定的八大要点

▶ 转向成熟期产业制定竞争策略需要注意的陷阱

▶ 产业成熟带给企业管理层的难题

产业向成熟转化的产业变迁

当某个产业向成熟转化时会伴有多方面的变化，这些变化可能会引起企业不同方面的改变，企业要学会分析这些变化的趋势，以便更好地调整竞争策略。波特在本部分主要讲述向成熟转化的产业可能出现的一些变化趋势。

产业向成熟转化的变化趋势

波特在书中详细介绍了 9 种可能在转化时出现的变化趋势。

Easy-going

企业在面对产业增长缓慢的情况时，一定不能沉浸在先前那种快速的增长的模式中，要从根本上进行改变，以避免生产能力和人员的过剩。

（1）增长放慢引起市场占有率竞争变得激烈。产业向成熟转化时，首先可能出现的情况是增长速度变得缓慢。当增长放慢时，企业就无法在原有市场占有率上保持以前的增长速度，企业就有可能把竞争的重点放到抢夺市场占有率上。

（2）产业内企业的客户以熟客居多。企业对客户的挖掘和培养已经基本定型，产品的购买者多数是熟客。

（3）竞争重心趋向于成本和服务。技术等方面的日益成熟加上客户对产品的熟识程度，迫使企业的竞争重心移向降低成本和提高服务。

（4）在增加产业的生产能力和人员时出现过剩。当产业增长速度变慢时，生产能力也需要随之放慢，否则就会出现剩余。

（5）研发、生产、销售等经常发生变化。市场占有率竞争加剧、技术成熟、客户经验变得丰富等各方面的因素导致这些变化的出现。

（6）新产品的出现和应用变得难以实现。随着产业的成熟，研发新产品的成本和风险都变得很高。

（7）国际竞争加强。产业成熟必定出现产品标准化、技术成熟和注重成本改变等现象，这些现象的出现就预示国际化竞争的出现。

（8）产业向成熟转化导致产业利润下降，可能只是短期的，也可能是永久的。增长放慢、市场占有率竞争激烈等方面的因素都会导致产业利润在下降，产业的移动壁垒和其他一些产业结构因素决定着利润的回升概率。

（9）中间商的利润降低，但其力量加强。由于产业利润下降，中间商的利润也随之降低，利润降低可能导致许多中间商离开，因此促使剩余中间商力量加强。

产业向成熟转化可能出现的一些变化

转变伴随的重要变化 →

1.市场占有率竞争变得激烈
2.产业内企业的客户以熟客居多
3.竞争重心趋向于成本和服务
4.出现生产能力和人员过剩
5.研发、生产、销售等经常发生变化
6.新产品的出现和应用变得难以实现
7.国际竞争加强
8.产业利润下降
9.中间商的利润降低，但其力量加强

转向成熟产业的竞争策略

产业转向成熟时会从根本上改变产业的基本结构，很多产业的发展空间也会因此受到限制，企业在这个时期必须进行一定的策略改变，波特认为这些改变需要把握一些要点。

转向成熟期产业内竞争策略制定的要点

波特在书中列出在成熟产业制定竞争策略时的 8 个要点。

（1）从三种基本策略中选择合适的策略。产业快速增长时面对的竞争压力较小，许多企业可能没有一套完整的策略计划，当产业走向成熟时，这些企业可能还是第一次正式选择竞争策略，这时候三种基本策略的选择关乎企业的生死存亡。

（2）购买廉价资产。产业向成熟的转化一定会造成企业不景气，这时候企业想要摆脱这种不景气，可以通过低价购买不景气的资产或破产资产来改变。

（3）复杂的成本分析。在成熟期，产品成本分析显得愈加重要，达到成熟期时，很多多余的产品就会被抛弃，同时，这时候对产品也不能进行平均定价，需要对产品进行单独定价。

小故事

Heilman 啤酒是美国的一家并不知名的啤酒公司，这家企业一直将自己产品的定位放在高端啤酒的生产，努力将自己的产品打入高层消费端，1972 年至 1976 年公司通过收购兼并战略，通过对地区啤酒厂的收购，不断壮大自己的实力，扩大市场占有份额，实现了每年 18% 的业绩增长。

（4）客户的选择。成熟期的客户会因为经验变得丰富而使价格谈判实力增强，以前的“好”客户可能就不再是“好”客户了。

（5）生产流程的创新。产业的成熟使整体竞争重心转向降低成本和提高服务，生产流程的创新和为制造进行设计往往能实现成本的降低。

（6）扩大客户的购买量。扩大客户购买量通常比增加新客户付出的代价更小，在成熟的产业内，获得新的客户就意味着要与其他企业争夺市场占有率，这种竞争一般会令竞争双方受到较大的伤害。

（7）不同的成本曲线。在成熟的产业中经常会出现多种成本曲线，企业可以根据自身的情况选择靠近其中一种。

（8）参与国际竞争。企业可以通过进军国际市场而避免进入成熟期，可能企业所在的产业结构在国际环境中更有利，因为国际市场竞争对手较少、老练的客户较少或其他因素的影响较小。

转向成熟产业内企业制定竞争策略的要点

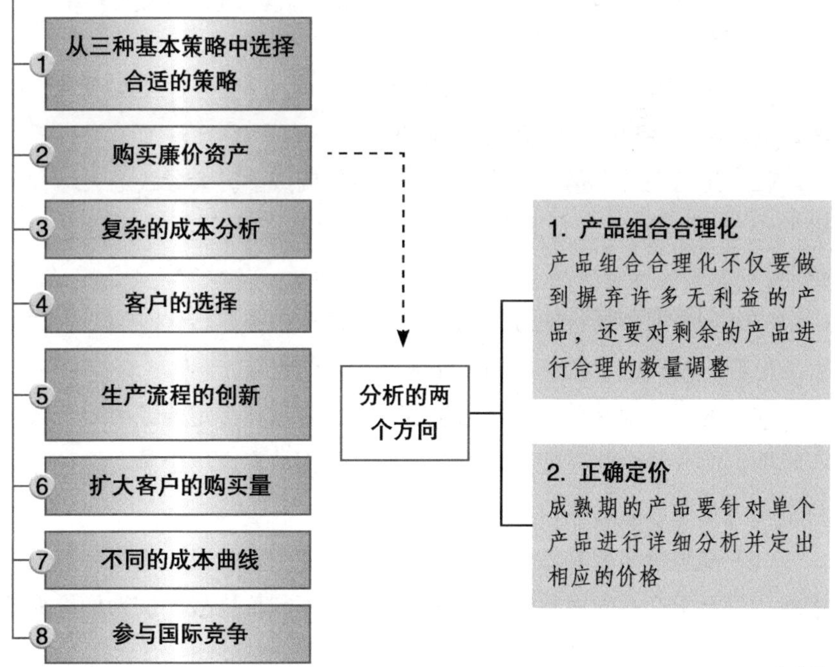

转向成熟期产业制定竞争策略的陷阱

如果企业在转化时期制定竞争策略时没有弄清楚前面所讲的注意要点，就极有可能导致企业落入某些策略陷阱，从而使企业成为产业向成熟期转化的牺牲品。

需要注意的策略陷阱

波特在书中列出9种需要注意的有特色的策略陷阱。

Easy-going

还有一个与此相关的陷阱——只注重总收入而忽略利润，即在产业成熟期用于竞争的投入较大，而在总收入很高的时候利润不一定高。

（1）企业的假设盲点和错误的假设。在转化阶段，客户的选择会有所改变，企业如果还沉浸在过去的形象中，并不因客户的改变而改变，就可能在竞争中失去优势。随着环境的改变，企业过去对竞争者、供应商、客户的假设都已不再有效。

（2）游荡在三个基本策略之间。产业转向成熟时会导致过去运行策略的绝佳环境流失，企业就有可能变成游荡在三个基本策略之间的企业。

（3）为争取市场份额进行的投资。在产业向成熟转化时期，为建立市场份额的投资由于竞争加剧无法取得预期的收益。

（4）为了眼前利益放弃市场份额。产业合理化必定要经历一个低利润时期，而有些企业可能不愿意接受低利润而放弃市场份额，这种行为会影响到企业日后的地位。

（5）痛恨价格战并做出情绪反应。在产业生长阶段一般不会发生价格战，以至于产业向成熟转化时很多企业看不起价格战，认为价格战是一种失面子的竞争方式，从而选择回避。这是一种危险的反应，尤其是在面对只有通过价格战才能占有市场时。

（6）坚持习惯性做法。产业在变化中伴随着很多方面的更新，企业如果坚持习惯性做法，会让企业在竞争中跟不上其他企业的步伐。

（7）注重新产品而忽略现有产品。新产品并不适用于转向成熟期的产业，只有改善原有产品才能取得更好的效益。

（8）坚持“高质量”。很多企业在面对价格竞争时不愿做出改变而坚持宣传自身产品的“高质量”。

（9）生产能力过剩。生产能力过剩导致企业在管理、技术等方面出现额外的资金浪费。

转向成熟期产业制定竞争策略的陷阱

需要注意的策略陷阱

波特在书中列出9种需要注意的有特色的策略陷阱

1.企业的假设盲点和错误的假设
2.游荡在三个基本策略之间
3.为争取市场份额进行的投资
4.为了眼前利益放弃市场份额
5.痛恨价格战并做出情绪反应
6.坚持习惯性做法
7.注重新产品而忽略现有产品
8.坚持“高质量”
9.生产能力过剩

企业管理层面对产业成熟

随着产业的成熟，产业内企业的最高管理层也会面对各种困难，比如对财务状况的期望下降、企业中更多的纪律限制、对提升的期望下降等。

产业成熟给企业最高管理层带来的问题

波特在书中列出 5 种极端困难的问题。

Easy-going

期望下降之所以成为难题，是因为企业管理层早已习惯了过去的那种增长速度，要他们面对这种期望下降必定是一个困难的过程。

（1）对财务状况的期望下降。当产业增长变慢时，企业的利润增长速度也会低于产业生长阶段时的利润增长速度，这时管理层必须转变自己的观念，降低对财务状况的期望，不然就会对成熟期产业内的企业造成巨大的伤害。

（2）企业中更多的纪律限制。产业的成熟也意味着竞争加剧，这就要求企业管理层加强对企业整体的管理，以便执行现行策略。

（3）对提升的期望下降。企业的成熟同时伴随着提升空间的缩小，过去那种人事提拔已经成为历史，企业管理层要学会在没有重大提升中鼓舞员工的士气。

（4）对人的问题更加重视。产业成熟环境形成以后，企业需要更加重视内部人的问题，企业需要更多的认可和忠诚，这时候，产业成长阶段的那些刺激和报酬方式早已不适用，好的方式是内在的支持和鼓励。

（5）重新集中化。产业成熟期的企业和产业生长阶段的企业，策略上有着很大的差别。在产业生长阶段，企业可能注重新产品的投入或者是扩大市场份额；而在产业成熟期，这些都变成企业的禁地，要想让企业在竞争中重新占有重要地位就必须进行重新集中化。

产业成熟给企业最高管理层带来的问题

产业过热

→ 产业成熟给企业最高管理层带来5种极端困难的问题 →

① 对财务状况的期望下降

② 企业中更多的纪律限制

③ 对提升的期望下降

④ 对人的问题更加重视

⑤ 重新集中化

More

总经理面对产业转向成熟

在产业转向成熟时，总经理之前作为先驱和激动的感觉已然消失，取而代之的是与日俱增的生存压力。这时候，总经理经常会做出一些不适当的行为。波特认为最常见的是以下这两种。

（1）拒绝转化。可能因为总经理未能发现变化，也可能是发现了变化但缺乏接受这种变化的技能，结果导致企业以旧有的模式艰难地支撑着。

（2）放弃积极的管理。转化后的状况远不能满足总经理自身的要求，也可能因为总经理的管理方法不适用于新环境，而使他放松控制。

第13章

在衰退产业中的竞争战略

本章教你：

▶影响衰退期竞争的四大因素

▶衰退产业的四种策略选择

▶衰退产业中的三大陷阱

波特给衰退产业下的定义是“在相当长的时间内销售量绝对下降的产业”。同时，波特指出这种下降不包括经济周期或一些短期例外事件引起的下降，比如原材料短缺引起的销量下降。在世界经济增长缓慢、成本快速增加、技术更新加速等因素的影响下，衰退状况在许多产业中普遍存在。

影响衰退期竞争的因素

波特在本部分将分别介绍影响衰退期竞争的四大因素——需求状况、退出壁垒、处置资产的机制、竞争的不稳定性。

需求状况

Easy-going

不同的企业对产业未来需求量的估计存在差异。有些企业认为需求可能回升而固守；而有些企业可能认为这种下降会持续下去，从而选择退出产业。

波特认为，在产业衰退期，需求状况主要从以下方面影响着竞争者。

（1）不确定性。竞争者通过自身的信息收集系统分析出的需求量是否将持续下降，影响着竞争者的策略方向，比如，如果企业相信需求量在短时期内可以回升或平稳，则企业会选择坚守在该产业。

（2）衰退的形式和速度。波特认为衰退的形式分为两种，分别是销售量下降和生产能力下降。销售量的下降可能导致企业某个部门被取消或整个企业倒闭；当企业缩减生产能力时，客户可能会因为担心自身的业务而转向寻找替代品，这就直接引起企业产品需求下降。衰退速度较慢时，企业可能因为现有状况分析出的短期因素而不加重视，这种忽视极大地增加了这一阶段的不稳定性；衰退速度较快时，企业可能无法理智地确信之前的预测。

（3）剩余需求的购买力结构。剩余需求的购买力结构影响着产业衰退期企业的营利性，如果剩余需求的对象是对价格不敏感的客户和价格谈判实力不强的客户，则企业依然有利可图。

（4）衰退的原因。引起产业需求下降的因素有三种，分别是技术更替、人口和需求的变化。这三种因素从不同方面影响着竞争者。技术更替的结果是产生替代品，替代品的出现引起企业销量下降、利润降低。人口减少自然会引起企业销量减少。由于社会或其他方面的因素影响着客户的购买需求，这样就有可能导致需求量下降。

小故事

20 世纪 60 年代，美国雪茄产业开始走向商业化，而这时的雪茄产业同时也走向衰退期。雪茄高贵的品质必然导致很多平民百姓面对高价格望而却步。这时候，雪茄产业剩余的细分市场主要是高价位细分市场，高价位细分市场的客户多是官僚阶级和富商们，由于他们不注重价格，所以作为雪茄产业内强大的 COHIBA 雪茄品牌仍然可以获取丰厚的利润。

退出壁垒

生产能力的退出直接影响着衰退产业内的竞争，然而，退出必然会受到退出壁垒的影响。退出壁垒越高，企业越不能轻易退出产业，而留在产业内企业的处境也越危险。而要弄清楚退出壁垒的高低，就必须先弄清楚退出壁垒形成的原因。波特认为退出壁垒的形成主要源于以下 6 种因素。

Easy-going

企业历史越悠久，管理层人员流动性越低，退出壁垒就越高。

（1）耐用的或专用的资产。当企业拥有的资产是专用时，由于高度专业化的原因，企业在退出产业时只能把这些资产卖给生产同样产品的企业，或者低价清算，当清算价格过低时可能就让企业不得不继续留在产业内苟延残喘。但专用的资产也不一定会成为强大的退出壁垒，企业通过把握清算的时机和清算的对象，一样能改变退出壁垒，比如在有衰退迹象时就抛出专用资产，或者把目光放在全球范围，把专用资产清算给需求该资产的国有企业。

（2）退出的固定成本。退出成本影响着清算价值，每家企业的退出成本形式不同，退出成本的高低也不相同。比如，企业在被蜕资时，必须花费雇用一些高技能的律师、会计师等；企业决定退出时，必须要承担撕毁长期合同需要所支付的违约金。

（3）策略性退出壁垒。从整体策略出发，某项业务可能决定着企业的生死，从而形成退出壁垒。波特认为这种影响的主要原因是相互关联、进入资本市场、纵向一体化。

（4）信息壁垒。企业无法清楚了解企业的真实经营状况，这种情况直接影响着企业的退出决策。

（5）管理和情感的壁垒。管理层的情感同样是一道退出壁垒，管理层对业务的长期投入促使他们产生一定的情感纠葛，他们在一定程度上不愿放弃这种情感中的自豪感和成就感。

（6）政府和社会壁垒。政府对就业的重视和对当地社区的影响，以及引发的社会关注，都会给企业及企业管理层带来巨大压力。

处置资产的机制

企业处置资产的方式在不同程度上影响着衰退产业的利润率。比如，当产业内一家较大企业把资产以较低的价格卖给产业内的一群企业

小故事

Raytheon 公司是美国一家生产显像管的公司。20 世纪 60 年代初期，美国彩色电视的普及引发显像管进入销售高峰期。但 Raytheon 公司在显像管需求最大时看到该产业即将到来的衰退，所以当别的公司都在忙着搞生产时，Raytheon 公司选择出售自己的真空显像生产设备。事实证明，Raytheon 公司的这一举动是非常明智的。到了 20 世纪 70 年代初期，随着显像管需求大幅下降，很多想退出该产业的企业不得不以较低的价格抛售真空显像生产设备。

时，这群企业的管理者可能因为这种低资产的投入而做出一定的策略调整，其实这些盲目的调整会严重损害企业的决策。

受到政府补贴的企业一样糟糕。由于企业受到政府的补贴而得以生存，产业内的生产能力没有减少，受到补贴的企业可能会依据自身的经济条件做出一些不当的决策，从而进一步降低产业的利润。

竞争的不稳定性

在衰退产业内，竞争由于受到不同方面的影响而产生不稳定性。波特认为，在下列情况下，产业内的剩余企业竞争会更激烈。

（1）日用商品产业。

（2）固定成本很高的产业。

（3）产业退出壁垒较高。

（4）剩余企业势均力敌。

（5）企业尝试改变地位时进行了不走运的努力。

影响衰退期竞争的因素

衰退期产业的竞争相对而言比较激烈，这时候的企业很多情况下不再是利润之争，而是生存之争。

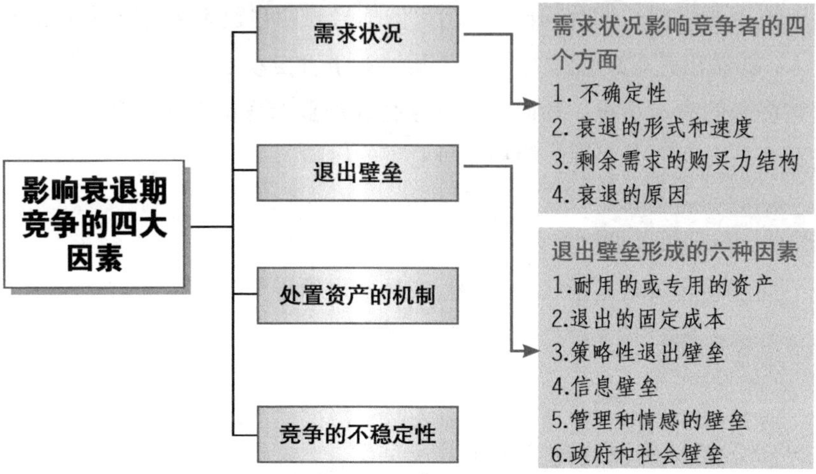

衰退产业中的策略选择

对于在衰退产业中的策略选择，波特提供四种可供选择的策略，分别是领导策略、局部领导策略、收割策略、迅速撤资策略。企业可以采取其中一种或先后采用几种策略来改变企业的当前状况。

领导策略

领导策略是指使在衰退产业内的企业成为产业的领导者，从而获得高于平均利润的收益的策略。成为领导者的策略步骤如下：①在价格、销售、策划等方面发起攻击，迫使其他企业的生产能力从产业内退出；②较大限度地购买市场份额；③购买竞争者的生产能力并随后放弃，以降低退出壁垒，不让竞争者再把生产能力出售给其他竞争者；④通过其他方式降低退出壁垒，比如替退出企业承担长期合同；⑤发出市场信号表明自己不会离开的决心和投入；⑥做出超群的竞争行动，让其他竞争者自动退出竞争；⑦整理并发布将来的衰退情况，粉碎那些继续待在产业苦等的企业的梦想；⑧引发新产品出现的必要性，增加竞争对手的风险。

Easy-going

企业实行领导策略的目的是清除产业内企业，使企业成为产业内仅存的一个或少数几个企业之一。

局部领导策略

局部领导策略是指在某个细分市场实现领导策略。

收割策略

收割策略是指企业通过优化现金流、取消新的投资、缩减投入等方式，使企业在剩余的优势中获取利益的策略。波特认为，常见的收割战术还包括减少产品链、缩减销售渠道、放弃小客户、减少服务。

迅速撤资策略

波特认为，实施迅速撤资策略的前提条件是尽早撤资能获得最大化的净投资回报。通常情况下，在衰退前期或成熟期撤资是最有利的。当产业真正过渡到衰退期时，企业的价格谈判实力就变得较弱。

衰退产业中的四种策略

四种策略	
领导策略	使衰退产业内的企业成为产业的领导者，从而获得高于平均利润的利益
局部领导策略	在某个细分市场实现领导策略
收割策略	企业通过优化现金流、取消新的投资、缩减投入等方式，使企业在剩余的优势中获取利益
迅速撤资策略	在产业衰退前期或成熟期撤回资本，以获得最大化的净投资回报

More

区分四种策略

波特认为，在实际操作过程中，这四种策略是很难区别开来的，但分别弄清楚它们的目的和含义还是有好处的。

这四种策略无论是在追求回报上，还是在投资上都截然不同。

收割和迅速撤资是衰退产业中常用的策略，主要用于回收投资成本；领导和局部领导策略的真正意义是通过再投资来加强自身在衰退产业中的地位。

衰退产业中的陷阱

波特在对衰退产业的研究中还发现了许多潜在的陷阱，其中重要的有三种：未能确认衰退、一场消耗战和缺乏明显优势的收割策略。

未能确认衰退

企业不能正确看待衰退的原因是多方面的。波特在书中列举了一些原因，分别是以往的经验不能让企业清醒看待衰退，由于漠视未来合理的不确定性而不能客观地认识衰退，对产业的认同感让企业不肯接受衰退的事实，高退出壁垒影响着管理者对环境的看法，更多的企业喜欢寻找乐观的信号。

Easy-going

波特认为，最能认清衰退的是那些参与替代产业的企业，它们对替代品的威胁有着较清晰的认识。

一场消耗战

那些待在具有较高退出壁垒的产业内的企业，在遭遇竞争时被迫做出相应的反应，并且如果它们没有较大的资本投入则无法取得一定的地位。

缺乏明显优势的收割策略

当产业结构对衰退阶段不利或不是很有利时，那些没有明显优势的企业采取收割策略无疑是自寻死路。一旦出现恶性情况，比如价格增长，客户们就会迅速转移业务。在决定进行收割策略前，一定要详细分析环境和风险，以确保收割策略的合理性。

衰退产业中的陷阱

陷阱

未能确认衰退	→	很多原因导致企业不能正确看待衰退，比如对产业的好感、以往经验不足、漠视衰退等
一场消耗战	→	较高的退出壁垒使企业不得不留在产业内，同时又不得不面对竞争
缺乏明显优势的收割策略	→	缺乏明显优势的企业在采用收割策略时往往会走向崩溃

More

为衰退做准备

如果企业能较准确地预计到衰退期，就可以在成熟期采取一定的措施从而改善自身在衰退期的地位。波特认为以下 3 种行为就能很好地达到这种效果。

（1）尽量减少提高退出壁垒的投资。

（2）把目光放在衰退期有利可图的细分市场。

（3）在选定的细分市场上实行差异化，比如制造转换成本。

第14章

全球性产业的竞争

波特提出的全球性产业的含义是，产业内的企业在全球的总体地位影响到它们在主要市场或国家性市场的策略地位。身处全球性产业内的企业在面对竞争的时候，需要站在世界范围内协调一致的基础上。

波特认为五大竞争作用力同样适用于全球性产业，但对其结构进行分析时，还要兼顾外国竞争对手、更广泛的潜在进入者、更大范围内潜在的替代品、企业目标差异等。

本章教你：

▶ 形成全球性竞争优势的四个根本因素

▶ 形成全球性的三种障碍

▶ 促进全球性产业演进的两种因素

▶ 全球性产业竞争面临的四个问题

▶ 全球性的四种基本策略选择

▶ 影响全球性竞争的六种趋势

形成全球性竞争优势的因素

波特指出，一个产业要想成为一个全球性产业就必须拥有一定的优势，这些优势可能是经济上的，也可能是其他方面的。然而是什么因素促使这些优势的形成呢？波特在本部分为我们揭开了谜底。

形成全球性竞争优势的根本因素

波特认为形成全球性竞争优势的因素有 4 种最根本的因素，分别是比较优势、全球性的规模经济和经验曲线、产品差异化以及市场信息与技术的“公共品”特性。

Easy-going

公共品是指那些购买后能无成本地反复使用的东西，如技术革新。

形成全球性竞争优势的细化因素

波特之后又在书中详细分析了形成全球性竞争优势的 9 种细化因素。

（1）比较优势。比较优势是指某个国家拥有世界上其他国家无法拥有的生产某种产品的优势，如成本优势或劳动力优势。

（2）产品的规模经济。拥有一定的规模经济，企业可以在全球范围内实现成本优势。

（3）全球化经验。在多个国家销售类似型号产品，该产品的产量也会随之增大，从而促进经验曲线的形成。

（4）物流的规模经济。形成国际性物流系统，进而实现成本优势。

（5）营销的规模经济。全球范围内的营销规模经济，可以无偿地将一个地区的知识使用到另一个地区，让企业获得成本优势。

（6）购买的规模经济。价格谈判实力和供应商低成本都能形成购买规模经济，并超出单一国家性市场竞争所需的规模，则可能实现成本优势。

（7）产品差异化。在全球范围内获得企业声望和信誉。

（8）专有的产品技术。将已有的技术放到全球，有可能带来全球性经济效应。

（9）生产的移动性。移动性是指产品技术或服务的移动性，拥有该技术或服务的国家成本则由移动到的国家分担。

全球性竞争优势的因素

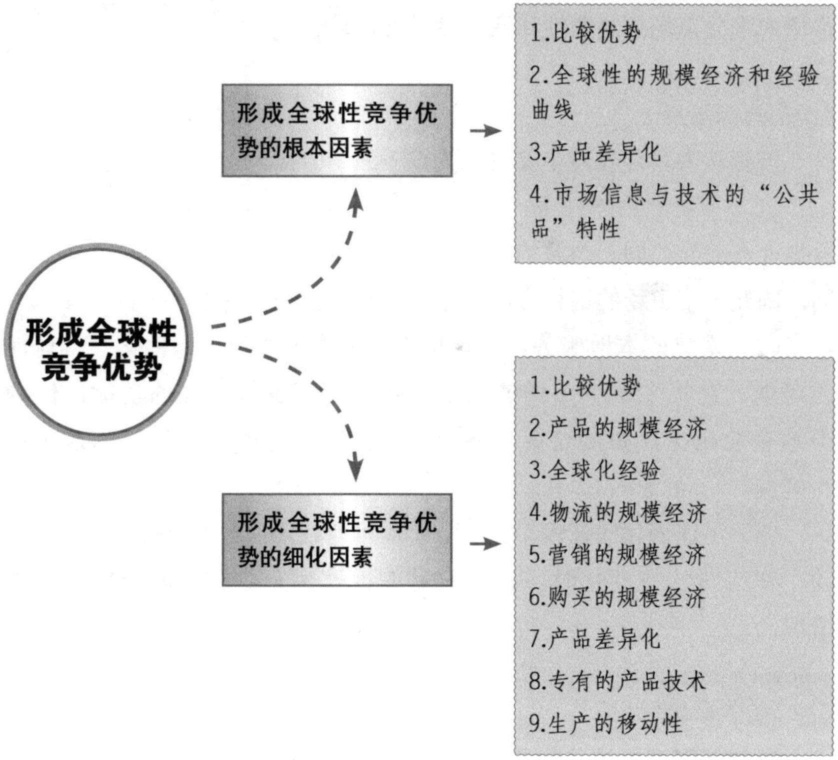

全球性的障碍

在形成全球性竞争优势的过程中会遇到各种的障碍，波特认为这种障碍主要有三种，分别是经济障碍、管理障碍和制度障碍。

经济障碍

波特归纳的经济障碍主要包括运输和储存成本、不同的产品需要、已建立的分销渠道、销售力量、当地维修、对交货时间的敏感性、地缘市场内细分市场的复杂性和缺乏世界性需求。

管理障碍

波特认为管理障碍主要表现为以下三个方面。

（1）不同的销售任务。就算是同一款产品，在不同地方的销售任务也存在差异，同一地域的不同竞争者的销售手段和销售知识也不尽相同，因此一个市场的销售方法不适合用到其他的市场上。

（2）密集的本地服务。全球性产业基本上实现了一体化、全球性的可能，在很多单个市场能够实现销售、服务等方面的功能，但跟当地企业相比，如果显得不够密集，其反应速度就无法与当地企业相媲美。

（3）迅速变化的技术。在细分市场可能频繁地出现产品或工艺的变动，在应对这些变化时，自给自足的国家性企业更有能力使用这种情况。

制度障碍

波特把制度障碍分为两类：一类是政府障碍；另一类是洞察力和资源障碍。其中政府障碍多出于政府对当地企业的保护，而企业的洞察力和资源则直接影响到企业是否能实现全球化经济。

产业全球化遇到的障碍

障碍

经济障碍

1.运输和储存成本
2.不同的产品需要
3.已建立的分销渠道
4.销售力量
5.当地维修
6.对交货时间的敏感性
7.地缘市场内细分市场的复杂性
8.缺乏世界性需求

管理障碍

1.不同的销售任务
2.密集的本地服务
3.迅速变化的技术

制度障碍

1.政府障碍
2.洞察力和资源障碍

More

全球性产业的不足

波特指出，全球性产业障碍总会在某种程度上出现在产业中，而这种障碍的出现，通常会让全球性产业表现出很强的地方性。也就是说，全球性产业在遇到这些障碍时，不得不把产业方向根据当地情况调整，以便适应环境。

波特还指出，即使全球性产业再如何努力，在某些细分市场，本国企业依旧会凌驾于全球性竞争对手之上。

全球性产业的演进

任何产业不可能在刚开始形成的时候就是全球性的，产业全球性是需要一个演进过程的。在演进过程中，波特认为，通过了解形成全球化的环境和策略创新，可以有效地促进全球化的形成。

形成全球化的环境

波特认为形成全球化需要以下 6 种环境支持。

（1）规模经济增强。在生产、销售、物流等各方面形成规模经济是形成全球化的动力。

（2）运输或储存成本降低。运输和储存成本降低能刺激全球化的形成。

（3）分销渠道变化或合理化。这两种情况都利于企业进入细分市场。

（4）要素成本变化。要素成本变化使企业变得更有实力。

（5）国民经济和社会环境变窄。差异化能帮助企业实现全球化。

（6）政府约束减少。政府约束减少增加全球性竞争的可能性。

刺激全球化的策略创新

波特认为，即使没有上述 6 种有利环境的存在，企业通过策略创新

小故事

小型汽车的普及需要一定的经济基础支持，这种情况开始只在发达中国家存在。随着发展中国家经济的迅速发展，其人均收入与发达国家的差距越来越小，于是很多小型汽车公司的汽车销售开始转向全球化。

一样可以形成全球化。策略创新可以从以下 6 个方面进行。

（1）产品重新定义。重新设计产品以适应更多的消费。

（2）辨别细分市场。在共有的细分市场找出对自身有利的切入口，如服务。

（3）适应成本降低。找到方法降低成本以适应地区的成本，从而降低进入壁垒。

（4）设计变化。通过设计变化引导全球性标准化的形成。

（5）生产非一体化。可以通过生产部分产品并在当地组装而规避当地政府。

（6）消除洞察力和资源方面的限制。新进入者能打破资源方面的限制。

全球性的演进

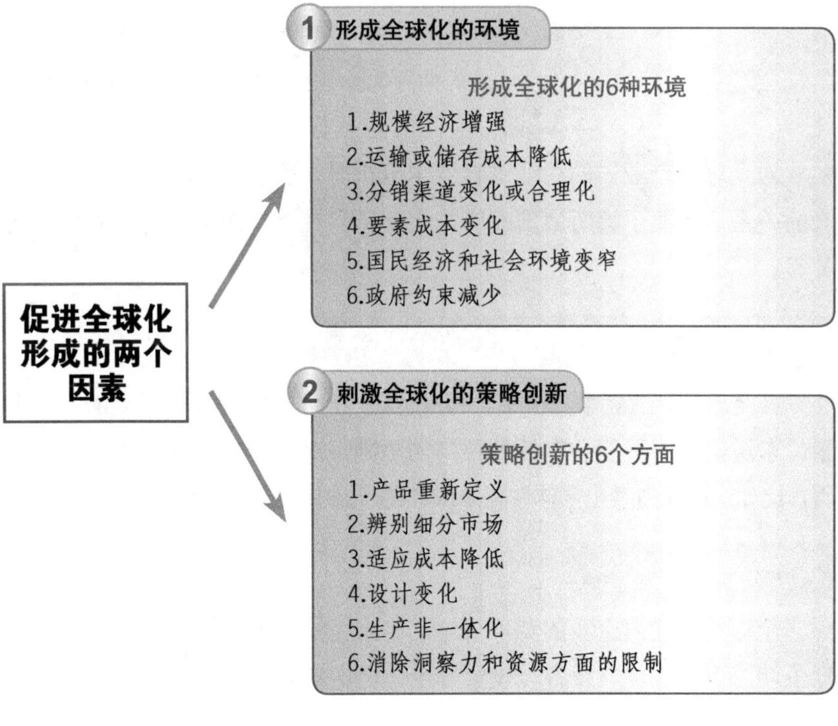

全球性产业竞争面临的问题

全球性产业竞争不同于国内产业竞争，这种竞争必定会出现一些独特的问题。波特在本部分主要讲了在全球性产业中面临的四个问题：政府的产业政策和企业的竞争行为、在主要市场上与东道国政府的关系、整个系统的竞争、分析竞争者遇到的困难。

政府的产业政策和企业的竞争行为

很多时候本国政府以部分或全面所有权的形式介入企业，很容易引起增大退出壁垒的情况。

既然是全球性产业，就会与很多国家牵扯到一起，这时再进行竞争分析就必须把企业与政府一同分析，因为政府会基于某种考虑而实行一些政策，比如多种形式的法规、补贴以及其他手段，这些政策将直接影响到企业间的竞争行为。

对全球性产业内的企业进行竞争分析时，除了要分析产业与所属政府的关系，还要了解所属国政府与主要世界性市场国家政府之间的政治关系。

在主要市场上与东道国政府的关系

在全球性产业竞争分析中，与东道国政府的关系是至关重要的考虑因素。东道国政府可能会有各种各样的限制，对全球性经营造成一定的阻碍，比如运用权力禁止全球性竞争或者在产业中创造大量不同的策略集团。

整个系统的竞争

全球性产业内企业的竞争战略的制定范围是全球性的，所以企业的竞争涉及市场地位、设备、投资等全方面的竞争。

分析竞争者遇到的困难

在全球性产业竞争中分析国际竞争对手同样很重要，但是对这种竞争者的分析要比对国内竞争者的分析困难得多，因为在分析国际竞争者时不仅要分析本身的竞争关系，还要兼顾到外部多样的制度，比如管理结构和劳动力习惯。

全球性产业竞争面临的问题

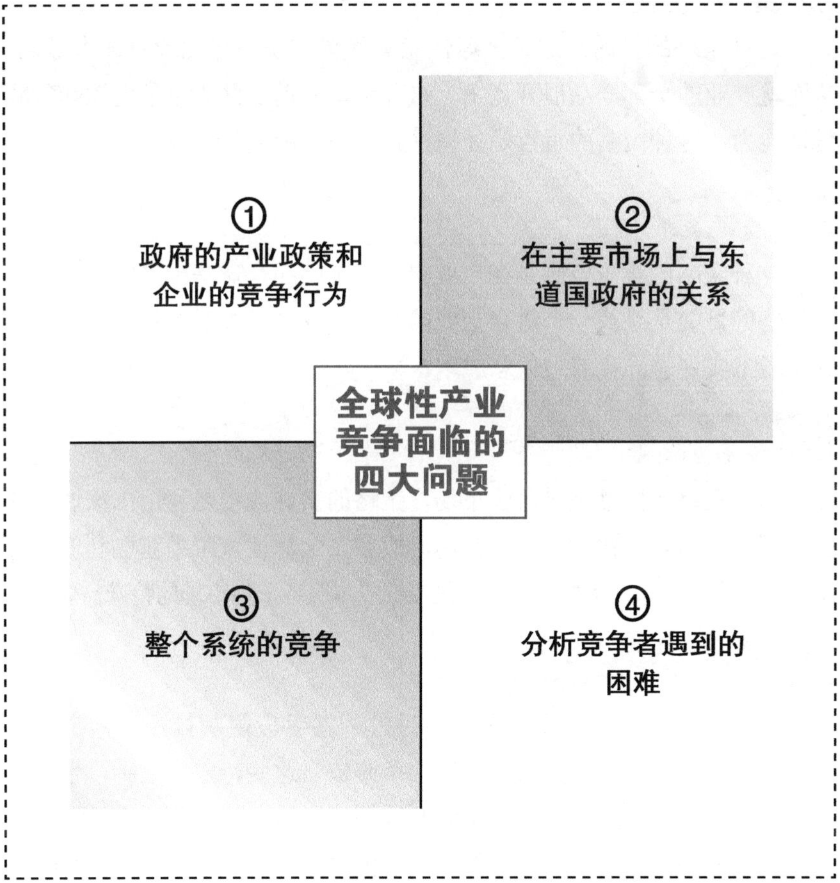

全球性产业的策略选择

波特在这里说的策略选择是指企业在全球性产业中需要做出的最基本的选择。波特认为这种最基本的选择有四种，分别是：宽系列的全球竞争、全球集聚、国家性集聚、保护下的局部一隅市场。

宽系列的全球竞争

这种策略的目的是通过全球性竞争优势实现差异化或总成本最低，从而就产业的全部产品展开竞争。这种策略的前提是大量的资源和策略贯彻能力。这种策略的重点是处理好企业与各国之间的关系。

全球集聚

这种策略的竞争范围是在产业中，但是站在全球基础上的竞争。这种策略的目的是寻找一个适合企业的细分市场，最终目的是在找到的细分市场上实现差异化或最低总成本。

国家性集聚

这种策略的区域是国家性市场。策略的实施过程是利用国家性市场的差别创造出差异化的国家性市场，然后在全球性竞争中获取利益。策略的手段是在国家性市场形成差异化或低成本服务于该市场的特殊需要。

保护下的局部一隅市场

这种策略的前提是东道国政府通过一些手段限制排斥其他全球性竞争者，如国产化、高关税等手段。企业依靠这些特定的限制，生存在特定的市场上，并通过特定的策略获取利润。这种策略的核心是搞好与东道国政府的关系，从而保证保护性措施得力。

全球性产业的策略选择

宽系列的全球竞争

在全球范围内就产业的全部产品展开竞争

保护下的局部一隅市场

在东道国政府的保护下获取特定市场

全球集聚

站在全球的基础上在产业内寻找适合的细分市场

国家性集聚

创造出差异化的国家性市场，然后在全球性竞争中获利

More

跨国联合策略

波特认为，在全球性产业竞争中，跨国联合策略越来越被普遍使用。

跨国联合迫使竞争者克服阻碍全球策略的困难，如技术、市场准入以及其他类似的困难。

影响全球性竞争的趋势

有很多趋势对现有全球性产业或创造新的全球性产业都有着重要的影响。波特在书中列出六种趋势，分别是国家间差距减小、积极的产业政策、国家对特有资源的认识和保护、更自由的技术转移、逐渐兴起的新的大规模市场、新兴发达国家的竞争。

国家间差距减小

许多新兴发达国家在很多领域与发达国家的差距正在缩小，如收入、要素成本、能源成本等。差距缩小会减少全球性竞争障碍。

Easy-going

这种由政府参与的竞争，容易引起国际激烈竞争，也会激发退出壁垒的提升。

积极的产业政策

国家产业政策的变动影响着全球性竞争，如许多国家把原来受保护的企业转向积极开放以加速产业发展。这些由国家支持的企业进入市场，很快就会淘汰那些吸引力不大的企业。

国家对特有资源的认识和保护

通过竞争，很多国家开始认识到哪些资源是自己特有的，从而会倾向于从这些资源中获取经济利益。

更自由的技术转移

更自由的技术转移，让很多企业拥有投资世界级规模的能力。技术转移的来源可能是拥有该技术的企业，也可能是买了技术又乐于出售的企业。

逐渐兴起的新的大规模市场

美国在将来已经不是独一无二的大规模市场，中国、俄罗斯、印度都有可能出现大规模市场。其中的意义有两方面：首先，如果中国或俄罗斯控制自己的市场，则它们的企业就能成为主要的全球性力量；其次，由于它们拥有市场规模，如果能取得它们其中两个或一个市场的准入，将是一个重要的转折。

新兴发达国家的竞争

在全球性产业中，新兴发达国家的竞争摆脱了轻工业领域而转向资本密集型产业，如造船、电视机、钢铁产业等。

全球性竞争

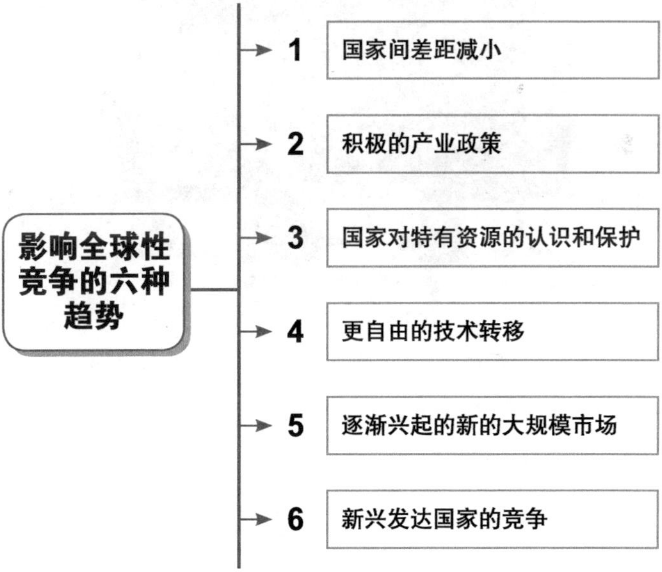

第15章

纵向一体化的策略分析

波特给纵向一体化的定义是"在某一企业范围内把技术上存在差异的生产、销售和或其他经济过程结合起来"。

纵向一体化改变通过市场交易实现经济目的的方式，转向通过用内部的或行政管理上的交易来实现经济目的。例如，一家企业如果拥有自己的销售团队，当该企业进入市场时，就不需要雇用另外的销售力量来提供销售服务。

本章教你：

- ▶纵向一体化的八种策略利益
- ▶纵向一体化的九种策略成本
- ▶前向一体化的四种特殊策略利益
- ▶后向一体化的两方面特殊策略利益
- ▶纵向一体化的五种错觉

纵向一体化的策略利益

实行纵向一体化在理论上能获得一定的策略利益。波特列出八种策略利益，分别是一体化的经济性、确保供需、抵消价格谈判实力和降低生产成本、增强差异化能力、开发技术、提高进入和移动壁垒、进入高回报产业、防止被封阻。

一体化的经济性

当生产形成一定的规模经济时，纵向一体化就能帮助企业在经济过程中节约费用或获取经济利益。波特认为，一体化的经济性主要表现为以下5种经济性。

信息的经济性还表现在信息的共享上，企业内部的信息流动可以比外部更快、更准确。

（1）合并作业的经济性。把技术上不同的生产作业结合起来可以提高企业的效率。例如，如果把炼钢和轧钢操作结合起来，就可以省去重新加热钢坯这一环节。

（2）内部控制和协调的经济性。如果企业实现一体化，那么作业操作和处理紧急情况的费用就会降低，因为同一企业的单位更容易做到互相信任、互相帮助。

（3）信息的经济性。一体化可以为企业节约不少信息收集成本，因为企业可以把不同方面的信息工作摊到相应的部门。

（4）回避市场的经济性。一体化能让企业避免与市场上的销售力量、广告部门、原材料供应商等打交道，从而减少开支。

（5）稳定关系的经济性。一体化实现购买和销售的稳定性，利于企业向更专业、更有效率方向发展。

一体化的经济性

一体化的五种经济性

1. 合并作业的经济性
2. 内部控制和协调的经济性
3. 信息的经济性
4. 回避市场的经济性
5. 稳定关系的经济性

确保供需

一体化能减少供需的不确定性：当供应紧张时可以得到有效的供应；当销路较窄时也能保证产品能卖出去。由于一体化企业的很多环节都是在企业内部运行的，所以企业可以通过有利可图的单位来补贴另一家单位，以确保供需的平衡。这种特性只能减少对企业影响的不确定性，而不能影响整体市场上的改变。

抵消价格谈判实力和降低生产成本

在与供应商和客户进行谈判时，一体化企业完全可以依据自身的优势降低甚至抵消对方的价格谈判实力。一体化还有一个重要的意义，当一体化整合成功后，企业可以根据上下游单位的联系进行综合分析，最后找出一个能切实降低生产成本的方案。

增强差异化能力

没有实现一体化的企业只能通过某个点的改变去实现差异化，而一体化的企业可以通过一系列的改变创造差异化，比如借助销售渠道提供最优质的服务，或者通过内部生产区别于其他企业的零件。

开发技术

一体化使企业对上游单位和下游单位的技术都比较熟悉，就更容易对整体技术进行更新，这是基础企业一条成功的捷径。例如，许多计算机企业慢慢倾向于后向一体化半导体设计和生产，如此一来它们就能很好地了解这部分的关键技术。

Easy-going

以自己企业为标准，波特把具备供应商能力的单位称为上游单位，把具备客户能力的单位称为下游单位。

提高进入和移动壁垒

一体化能使企业在多方面具备优势，如较低的成本、较小的风险、较强的价格谈判实力。一体化的企业迫使新进入者也实行一体化，这在无形中提高了进入壁垒。一体化还会产生较大规模经济或资本需求，这都会增加产业中的移动壁垒。

进入高回报产业

由于一体化可以为企业提供大于机会成本投资回报的架构，所以一体化总是有利可图的。要想从相关产业获取投资回报，不仅要考虑产业内原有企业的投资回报率，还必须考虑进入壁垒所需要的成本。

防止被封阻

一体化企业即使无法取得可观的效益，也可以防止失去供应商和客户，因为企业一体化可以占有很多资源或者拥有许多诚信的客户。在这种情况下，未进行一体化的企业必须去抢夺剩余的供应商和客户，并且这些剩余的供应商和客户远没一体化占有的那么好。因此，他们被分销渠道的移动壁垒封阻，同时也被原材料供应商的绝对成本壁垒所封阻。

纵向一体化的策略利益

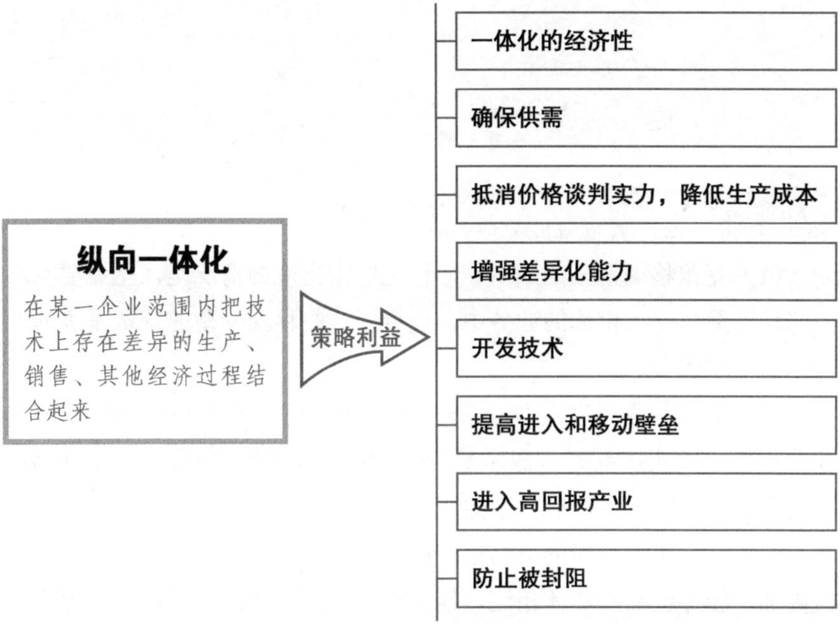

More

一体化的适当程度

波特指出，之所以要考察一体化的经济和管理的效果，主要是帮助管理者决定一体化的适当程度。

要想找到这个适当度，首先需要使一体化的经济与管理上的利益、经济上的成本达到平衡。这种平衡因特定的成本和利益本身以及企业的特定策略状况的不同而不同。

纵向一体化的策略成本

波特认为一体化的策略成本主要包括九种，分别是克服移动壁垒的成本、增加企业固定成本、降低更换伙伴的灵活性、较高的总体退出壁垒、资本投资需求、封阻供应商或客户的研究和专有技能的通道、保持平衡、弱化刺激、不同的管理要求。

纵向一体化的九种策略成本

（1）克服移动壁垒的成本。一体化经常出现的情况是，企业要克服一些移动壁垒进入相邻的业务中，而克服这些移动壁垒的花费是纵向一体化的一项成本。

（2）增加企业固定成本。纵向一体化增加了企业的固定成本。当企业在市场上购买产品时，成本是变动的；而当企业实现纵向一体化后，自己生产产品时，生产过程中的成本是固定的。

（3）降低更换伙伴的灵活性。纵向一体化的供应商和客户可能都来自内部，和那些独立实体相比，他们更换伙伴的灵活性降低，且更换伙伴的成本也随着灵活性的降低而增加。

（4）较高的总体退出壁垒。一体化在多方面提高了总体退出壁垒，比如资产的专门化、策略的内部关系或者对某个企业的感情等。

小故事

美国科第斯出版公司为了《星期六晚邮报》的经营特别建立了一家庞大的纵向企业。在 20 世纪 60 年代后期，《星期六晚邮报》出现困难，由于纵向企业的存在，科第斯出版公司在财务上也受到严重的影响。

（5）资本投资需求。一体化需要对多家单位进行资本投资，这种投资增加了企业在其他方面的策略风险，因为一体化占去企业在其他方面所需的投资。

（6）封阻供应商或客户的研究和专有技能通道。当供应商能提供和企业一样的技术时，企业的一体化也就没太大意义，因为别的企业可以用流动资产获取技术，而一体化企业则需要为研究和技术付出固定成本。

（7）保持平衡。一体化企业必须保持上游单位和下游单位生产能力的平衡，否则就会有一部分出现剩余。当出现剩余时，企业要么选择出售剩余产品，要么选择牺牲市场地位。

（8）弱化刺激。由于一体化的主要运转在企业内部，所以一体化企业缺少外部的刺激，慢慢地，企业的竞价能力就会变弱。

（9）不同的管理要求。一体化是在整体上整合了企业，但毕竟生产和销售、销售和管理、生产和管理都存在着本质上的差别，不同的经济领域需要不同的管理方式。

纵向一体化的策略成本

1.克服移动壁垒的成本
2.增加企业固定成本
3.降低更换伙伴的灵活性
4.较高的总体退出壁垒
5.资本投资需求
6.封阻供应商或客户的研究和专有技能通道
7.保持平衡
8.弱化刺激
9.不同的管理要求

前向一体化的特殊策略利益

前面提到的策略利益是一体化的整体策略利益。前向一体化还会获得一些特殊的策略利益。波特在书中列出四种这样的特殊策略利益，分别是提高产品差异化能力、获得分销渠道、轻松准确地获取市场信息、实现较高的总体价格。

提高产品差异化能力

前向一体化企业能控制更多的生产环节、销售方式以及其他方面的优势，从而更能成功地进行差异化策略。

获得分销渠道

前向一体化直接覆盖了销售渠道，直接完全抵消了分销渠道的所有价格谈判实力。

轻松准确地获取市场信息

对于一个企业来说，生产量要根据市场需求而定，而前向一体化企业能直接面对客户，也就说能直接给企业提供需求量这方面的信息。产品库存在不同的生产阶段都会有不同的变化，较早地了解市场的变化能尽快调整生产，让企业利益最大化。

小故事

美国得州仪器公司的核心产品是电子元件，但它通过前向一体化进入消费品领域——计算器、表、调制解调器等，从而树立起了一项品牌。

实现较高的总体价格

前向一体化企业可以深入到客户中去，通过对不同客户的分析，根据客户的价格谈判实力给产品设置不同的价格，使企业实现较高的总体价格。

前向一体化的特殊策略利益

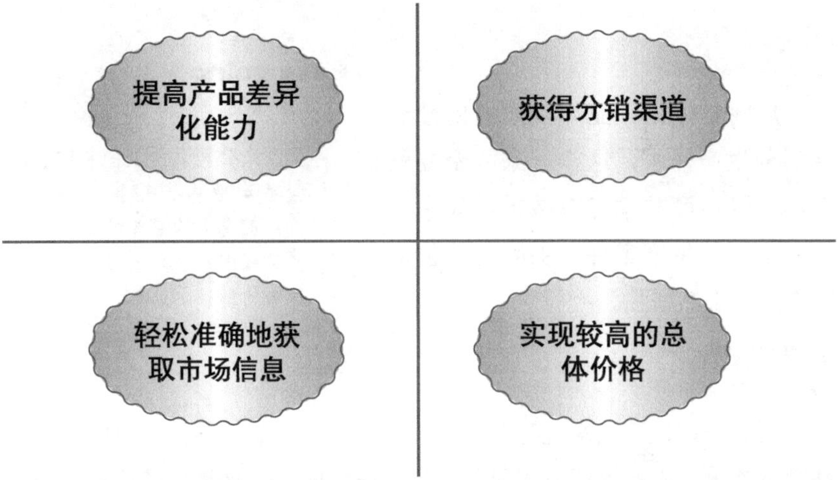

More

前向一体化的其他策略利益

除上面所述的前向一体化的四种特殊的策略利益外，波特还提到了一些其他方面的策略利益。

由于前向一体化对客户了解较多，可能知道客户需要某种产品的同时还需要与该产品相关的其他产品。这时企业就可以把这些其他产品附带在该产品上出售，以获取弹性利益。当然，这些附带产品不可强迫客户购买，否则就违法了反垄断法。

后向一体化的特殊策略利益

和前向一体化相同，后向一体化同样有自己独特的策略利益，波特认为，后向一体化的特殊策略利益有两个方面，分别是专有知识和差异化。

专有知识

后向一体化企业可以通过内部满足部分生产需求，这样一来，企业就不再与供应商共享专有数据。如果企业内部不能生产零件，供应商的价格谈判实力必然增强。

宝利来公司之所以能长时间在产业内占据重要地位，就是因为它长期以来坚持在内部生产最终产品所需的很多零部件。

差异化

后向一体化可以实现与前向一体化不同的产品差异化，前向一体化是通过销售、服务等环节实现差异化，而后向一体化是凭借着对上游产品生产的控制实现产品差异化。

小故事

单从表面来看，波度鸡与其他鸡没有差别，但福兰克·波度在市场上买回鸡后，进行特殊喂养。这个特殊的过程，让客户把波度鸡和普通的鸡区别开来，波度鸡从而成为品牌。

后向一体化的特殊策略利益

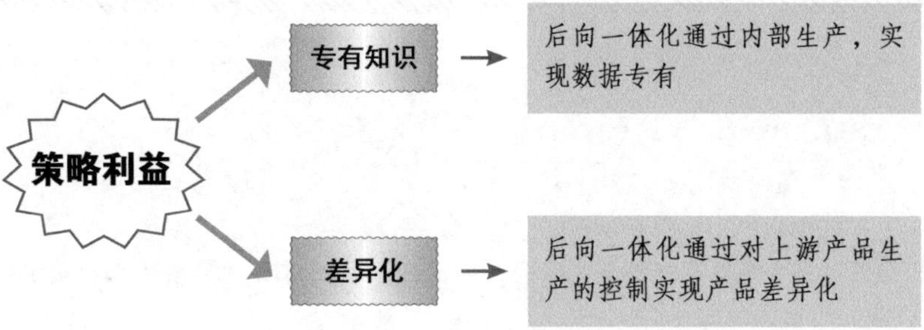

More

有限一体化和准一体化

波特给有限一体化的定义是“部分地前向或后向一体化”。有限一体化要求企业的生产规模超出其内部供应，且有从市场上购买的剩余需求。有限一体化增加的固定成本要比完全一体化少很多，同时有限一体化还能对外界造成威胁，这就好比在说“我们完全有能力实现完全一体化”。

波特所说的准一体化是指与上游或下游业务相关的企业建立起一种处于长期合同和完全拥有之间的关系，他还特别列出了准一体化的6种一般形式。

（1）对相关业务进行少量投资。

（2）贷款或贷款担保。

（3）购买信贷。

（4）达成专有的交易协定。

（5）形成专门的物流。

（6）合作研究和开发。

纵向一体化决策中的错觉

企业在进行纵向一体化时，通常会对一体化的利益产生一些误解，这些误解是企业进行整合时需要注意的问题。波特在书中列出五种这方面的错觉，分别是一体化中某部分的较强市场地位能自动延伸到另一个部分中、自己生产一定会降低成本、通过一体化进入竞争激烈的产业是不错的选择、一体化能挽救存在策略问题的业务、一体化某部分的经验能直接运用到上下游直属单位。

某部分的较强市场地位能自动延伸到另一个部分中

这种错觉的具体说法是：企业认为，企业在基础业务中具有较强市场地位，当选择进入一个竞争较激烈的相关业务领域时，基础业务的强势市场地位会扩展到新的市场中去。比如，一个较大的消费品制造商前向一体化进入零售业，零售业是一项竞争比较激烈的业务。一体化的零售商可以获得自身生产的多种产品，从而抢占市场份额，但其他零售商不会坐视一体化零售商抢占市场，因此彼此竞争就会加剧，许多零售商开始争先销售该制造商的产品。如果制造商选择调整产品价格，其在零售业的竞争地位就会被恶化。

自己生产一定会降低成本

前面讲过，一体化有很多隐藏的成本，这些成本的出现，使企业内部生产也不一定会在总体上降低成本。

通过一体化进入竞争激烈的产业是不错的选择

竞争激烈的产业利润相对来说较低，并且激烈的竞争要求企业在产品质量和服务上做出很大的努力。

一体化能挽救存在策略问题的业务

一体化策略能加强策略地位，而不能挽救存在策略问题的业务，因为除了特殊情况出现，强大的市场地位是不会自动扩展的。

一体化某部分的经验能直接运用到上下游直属单位

前面讲过，一体化的不同业务的经营模式和管理方式是存在差别的，任何部分的经验都不能直接运用到其他相关业务上去。

纵向一体化决策中的错觉

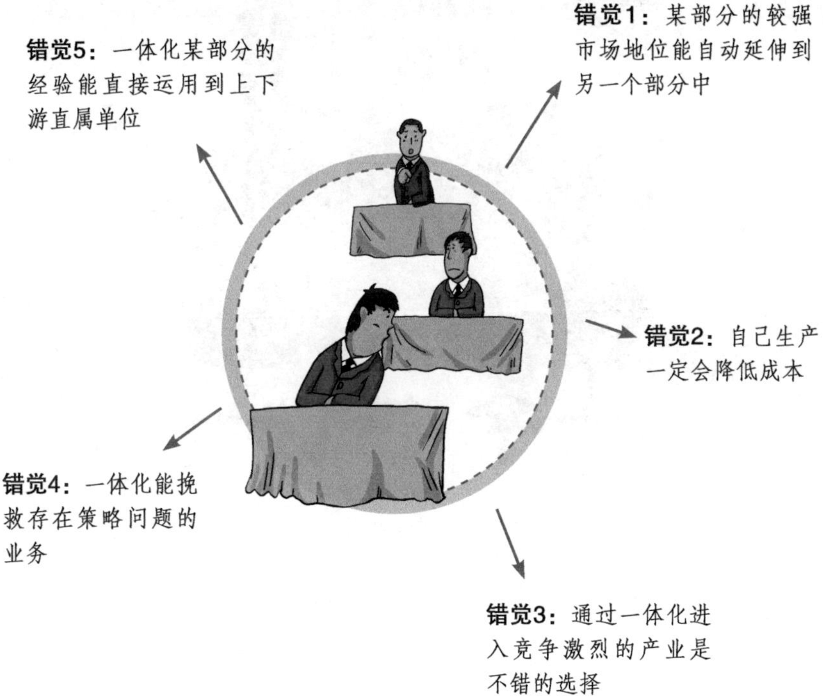

第16章 业务能力扩展

波特所说的业务能力扩展是指扩大设备、提高生产能力。业务能力扩展需要考虑的核心问题是未来的需求和竞争者的行为。其中，未来的需求是业务扩展的前提条件，而对竞争者行为的预测也是非常重要的。如果很多竞争者都实现了业务扩展，则所有竞争者都会受到严重的影响。

本章教你：

- ▶业务能力扩展的步骤
- ▶导致能力过剩的六个原因
- ▶抢先策略
- ▶抢先策略的必要条件
- ▶抢先策略的成本风险

业务能力扩展的步骤和导致能力过剩的原因

波特认为，在进行业务能力扩展时，首先要清楚了解业务能力扩展的步骤，其次要注意避免出现产能过剩，而要避免产能过剩就要了解哪些原因会导致产能过剩。

业务能力扩展的步骤

波特把业务能力扩展分为7个步骤。

（1）选择业务能力扩展规模和类型。

（2）预测未来的需求和成本。

（3）预测可能出现的技术更新和设备过时。

（4）预测其他竞争对手的产业能力扩展。

（5）综合以上步骤考虑产业供需平衡。

（6）推算业务能力扩展所能带来的预期现金流。

（7）测试分析的一致性。

导致能力过剩的原因

波特认为导致能力过剩主要有以下6种原因。

（1）技术上的原因。比如，一次性增加大量业务、规模经济、增加业务能力中较长的投产准备时间、生产中的技术变革等。

（2）结构上的原因。比如，较高的退出壁垒、供应商的压力、建立信用一体化的竞争能力、份额影响需求等。

（3）竞争上的原因。比如，较多企业的竞争、新进入者的竞争、缺乏可靠的市场领导、率先行动者优势等。

（4）信息上的原因。比如，未来预测夸大、市场信号失灵、假设的影响、金融界的压力等。

（5）管理上的原因。比如，对生产的过分重视和对风险的偏见都容易导致能力过剩。

（6）政府方面的原因。不适当的税收、保护本土产业、保持或增加就业的压力都能影响业务能力。

业务能力扩展的步骤和导致能力过剩的原因

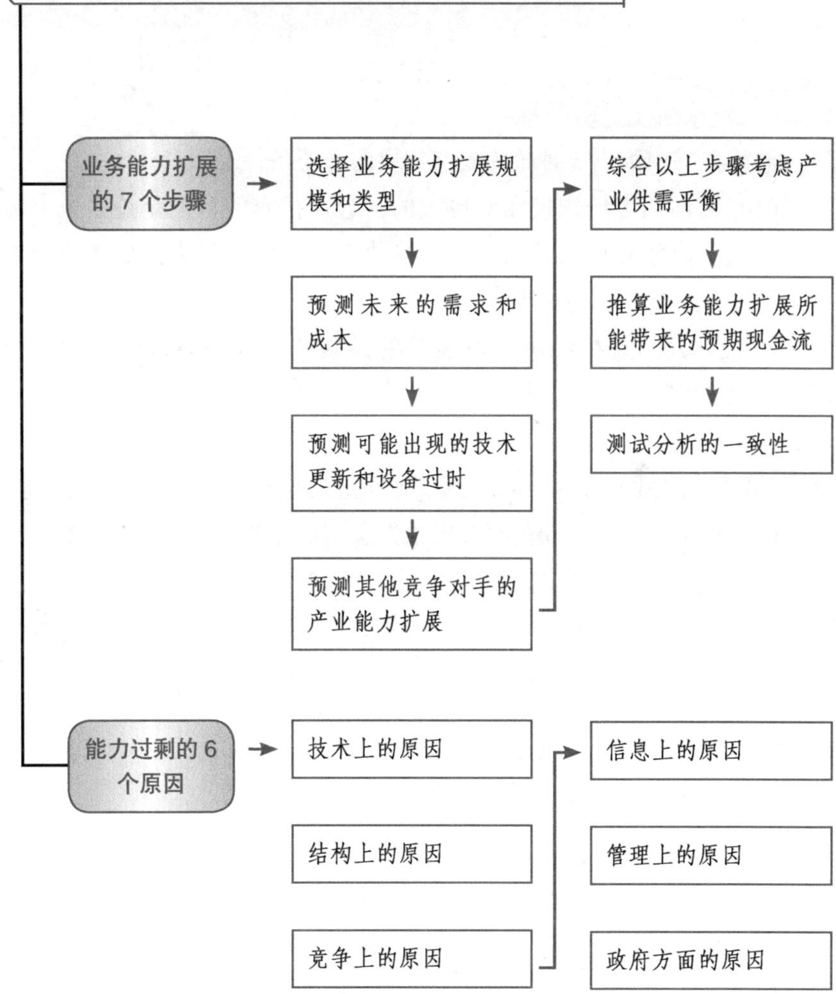

进行业务能力扩展时的抢先策略

波特认为，在正在成长的市场中，抢先策略最适用于进行业务能力扩展。抢先策略具体表现在：稳住主要市场，劝阻其他竞争者扩展。波特指出，实行抢先策略需要一定的必要条件，同时也存在成本风险。

抢先策略的必要条件

波特在书中列出 5 种抢先策略需要的必要条件。

（1）比预期市场规模相对更大的扩容。扩容的目的是抢占未来需求，而表现出相对更大的扩容，向其他竞争对手表示未来供需已经饱和，从而遏止竞争对手扩容。

（2）更大的规模经济性或显著的经验曲线。拥有较强的规模经济或显著的经验曲线下的扩容行动让对手在进行扩容时需要付出更高的代价。

（3）抢先企业的信用。抢先企业必须在抢先策略过程中树立良好的信誉。

（4）在进行竞争行动前有发出抢先意图信号的能力。在进行竞争行动前，企业必须能表现出抢先意图，如实现抢先规模。

（5）竞争者愿意让步。利用企业的一些条件让竞争对手产生假设，如假设与企业竞争过程中取得的利润无法抵消风险。

抢先策略的成本风险

波特认为抢先策略有以下 4 种成本风险。

（1）需要花更多钱投资设备。

（2）必须在完全掌握需求之前进行大笔投资。

（3）如果无法阻止对手，将出现产能过剩。

（4）投入成本过高，导致利润降低或出现赤字。

抢先策略

抢先策略
稳住主要市场，劝阻其他竞争者扩展

- **必备条件**
  - 比预期市场规模相对更大的扩容
  - 更大的规模经济性或显著的经验曲线
  - 抢先企业的信用
  - 在进行竞争行动前有发出抢先意图信号的能力
  - 竞争者愿意让步
- **成本风险**
  - 需要花更多钱投资设备
  - 必须在完全掌握需求之前进行大笔投资
  - 如果无法阻止对手，将出现产能过剩
  - 投入成本过高，导致利润降低或出现赤字

More

让抢先行动出现风险的竞争对手

波特在书中指出，如果企业遇到以下3种竞争对手，抢先行动就存在一定的风险。

（1）不是完全以获利为目的的竞争者。竞争者可能因为感情上的不舍而重视该产业，他们会尽最大努力对付抢先者。

（2）业务关系到竞争者的生死存亡。当遇到这样的竞争对手时，最好的办法是规避，而不是硬碰硬。

（3）打算长久待在该产业的竞争者。这类竞争者都是比较固执且有实力的。

第17章

进入新业务领域

进入新业务领域也是一种重要的策略类型。波特认为进入新业务领域的策略有两种，分别是收购和内部发展。分析这两种策略的作用有二：一是帮助企业选择适当的产业进入机会；二是找出产业进入的最好方法。

本章教你：

- ▶ 通过内部发展进入新业务领域的最佳时机以及基本方法
- ▶ 通过收购进入新业务领域有利可图的三个前提条件

通过内部发展进入新业务领域

通过内部发展进入指的是企业通过发展新的业务实体进入新业务领域，比如新的生产能力、销售力量、分销关系。波特在这部分将给我们讲述通过内部发展进入产业的最佳时机和基本方法。

通过内部发展进入新业务领域的最佳时机

波特认为以下 5 种情况最适合企业通过内部发展进入产业。

（1）要进入的产业处在不平衡状态。波特在书中列出 3 种可能导致不平衡的因素，分别是新产业、提高着的进入壁垒以及信息缺乏。

（2）产业内现有企业的报复是缓慢或无效的。有些产业的现有企业可能因为缺乏信息、蔑视对手等无法进行及时有效的报复，企业选择这样的产业进入，能获得高于平均水平的利润。

（3）拥有比其他企业更低的进入成本。由于不同企业在专有技术、分销渠道、品牌效应等方面存在差别，企业在进入新产业时的进入成本也大小不一，企业的特殊优势能更好地帮助企业进入某些产业。

（4）具有与众不同的能力。如果企业具有影响产业结构的特殊能力，企业进入该产业后一定能获取利益。

（5）内部发展进入对企业现有业务有积极的影响。如果内部发展进入产业能改善企业现有的业务状况，那么即使新业务不能获取较高的回报，原有业务的提升一样能帮助企业获利。

内发展进入新业务领域的基本方法

波特在书中提到 6 种基本方法。

（1）降低产品成本。通过一些手段实现比现有企业更低的生产成本，如全新的技术、更大的规模经济。

（2）低价买入。企业可以通过牺牲短期回报低价买入，以提高市场占有率。

（3）提供更优质的产品。在产品或服务上创新，克服差异化进入壁垒。

（4）发掘新的市场。寻找未被发现的细分市场，或者进入适合企业的细分市场，让企业特有的优势在这些区域得以实现。

（5）采用新的营销策略。寻找新的营销途径，以突破因为差异化或分销渠道而形成的壁垒。

（6）使用其他业务的分销系统。利用已有的其他业务的分销系统帮助进入新产业。

通过内部发展进入新业务领域

企业通过发展新的业务实体进入新业务领域

进入的最佳时机 →

1.要进入的产业处在不平衡状态
（1）新产业；（2）提高着的进入壁垒；（3）信息缺乏

2.产业内现有企业的报复是缓慢或无效的

3.拥有比其他企业更低的进入成本

4.具有与众不同的能力

5.内部发展进入对企业现有业务有积极的影响

进入的基本方法 →

1.降低产品成本

2.低价买入

3.提供更优质的产品

4.发掘新的市场

5.采用新的营销策略

6.使用其他业务的分销系统

通过收购进入新业务领域

波特认为，通过收购进入新业务领域有利可图的条件是卖方底价较低、市场中存在不完善之处、买方具有独特的能力。波特指出，只有拥有以上三个条件中的两个才能取得成功。

卖方底价较低

底价的高度取决于卖方，当卖方有较大的销售冲动时，价格会比较低。当卖方具有以下 3 种情况，底价会最低。

（1）卖方存在产权问题。

（2）卖方急需资金。

（3）卖方失去主要经营者或后继无人。

卖方感到手中的资金无法使企业利润再度攀升，卖方明显感到管理方面的不足。

市场中存在不完善之处

在投标过程中，企业并不能完全消除收购利润，经常会受到一些不完善之处的制约。波特认为以下几种情况将导致市场不完善性出现。

买方可以通过展示自己过往良好地对待收购企业的员工和管理层来取得卖方的信任。

（1）客户掌握较多的信息。某个客户比其他客户更了解产业的未来趋势，或者该客户具有独特的观察力，则投标无法消除所有高于平均水平的利润。

（2）投标人数少。投标人数较少时，买方的竞价能力随之增强。

（3）买方经济条件不好。经济条件直接影响着买主购买的对象和数量。

（4）卖方情况很糟糕。糟糕的企业需要买方花费更多时间和精力去打理，所以投标的人数不会太多，同时，投标的人也不会出太高的价格。

（5）卖方除了高价格，还附带额外条件。很多时候，卖方在考虑价格的时候，还要顾及其他方面。比如，员工的处理、管理层的去留、长期业务合同等，这些顾虑直接影响着卖方的价格。

买方具有独特的能力

当买方具有独特的能力时，即使收购价格较高，买方通过自身的能力依旧能获得高于平均水平的利润。波特认为买方的独特能力主要表现在以下 3 个方面。

（1）买方能有效改善收购的企业。这种改善能力必须是独特的，否则当其他投标者同样拥有该能力时，他们会坚持投标，直到价格抵消改善所能带来的利润。

（2）收购能给买方带来极大的帮助。如果收购能直观地改善买方的现有状况，则投标就无法抵消收购利润。

（3）收购符合产业内部发展标准。买方通过收购能改变现有产业结构，让企业获取较高的收购回报。

小故事

美国 R.J.Reynolds 公司旗下有一系列的食品品牌，如 Hawaiian Punch、Chun King 、Vermont Maid 等，可这些食品品牌在很多时候无法达到有效的市场渗透，后来，R.J.Reynolds 公司通过收购 Del Monte 公司取得了食品分销商的分销网络。虽然 Del Monte 公司只获得平均利润，但 R.J.Reynolds 公司旗下食品品牌的策略转变让其获得高于平均水平的利润。

在收购策略中获取利润

通过收购进入新领域获利的 3 个条件

❶ 卖方底价较低

卖方价格较低的条件

①卖方存在产权问题
②卖方急需资金
③卖方失去主要经营者或后继无人
④卖方感到手中的资金无法使企业利润再度攀升
⑤卖方明显感到管理方面的不足

❷ 市场中存在不完善之处

导致不完善性出现的五种情况

①客户掌握较多的信息
②投标人数少
③买方经济条件不好
④卖方情况很糟糕
⑤卖方除了高价格，还附带额外条件

❸ 买方具有独特的能力

买方独特能力的表现

①买方能有效改善收购的企业
②收购能给买方带来极大的帮助
③收购符合产业内部发展标准

More

连续进入策略

波特所谓的连续进入策略是指企业最初进入一个集团，然后从这个集团转移到另一个集团中。连续进入策略会降低克服移动壁垒所需的成本，还能降低风险，提高知名度。